# 新闻力

## ——企业新闻宣传工作方法简记

巨风 著

江西高校出版社
JIANGXI UNIVERSITIES AND COLLEGES PRESS

**图书在版编目(CIP)数据**

新闻力:企业新闻宣传工作方法简记/巨风著.--南昌:江西高校出版社,2021.7(2022.2重印)

ISBN 978-7-5762-1549-6

Ⅰ.①新… Ⅱ.①巨… Ⅲ.①国有企业—新闻工作—宣传工作—研究—中国 Ⅳ.①F279.241

中国版本图书馆CIP数据核字(2021)第120112号

| | |
|---|---|
| 出版发行 | 江西高校出版社 |
| 社址 | 江西省南昌市洪都北大道96号 |
| 总编室电话 | (0791)88504319 |
| 销售电话 | (0791)88522516 |
| 网址 | www.juacp.com |
| 印刷 | 天津画中画印刷有限公司 |
| 经销 | 全国新华书店 |
| 开本 | 700mm×1000mm 1/16 |
| 印张 | 12.25 |
| 字数 | 170千字 |
| 版次 | 2021年7月第1版<br>2022年2月第2次印刷 |
| 书号 | ISBN 978-7-5762-1549-6 |
| 定价 | 58.00元 |

赣版权登字-07-2021-803

# 企业的情怀
## (序言)

在企业做新闻宣传工作,接触的人和事相对于其他工作要多一些。在这项工作中,可以看到灿烂的人生,也可以看到平庸的生活;可以看到积极的态度如何改变人生,也可以看到懒惰导致的消极和无望。

我和同事们多次讨论过:采访了那么多先进模范人物,最感动我们的是什么?是日复一日的加班吗?是关键时刻冲得上去、担得起来的勇敢与担当吗?是在拥挤的人群里保持着独立的思想和精神的风采吗?是,但不完全是。

看似一样的工作过程,为什么结果会不一样?什么样的人和事才会让人感动?

我们从自己的角度能得出的答案是:那些在工作中融入了汗水和心血的人,会让人感慨、感动,会让人心生敬意。

尤其是我所在的施工行业艰苦异常,但是仍然有那么多人在一线坚持十年、二十年,甚至整个职业生涯都在一个又一个的项目中度过。我曾经采访过一位项目经理。从开始工作到退休,他参加过的大大小小的项目总共有三十多个。当异乡的月光照在床前,他的心头会有深深的思念,而这些思念在他退休后,又化作一段又一段的回忆,在故乡的月光里闪烁。

让我们感动，让他们坚持到底的是这样一种力量——“向上、向善、向好、向美”的情怀的力量，是甘愿凭一己之力开出一片天地，是甘愿吃苦受累，殚精竭虑，只为把事做好的博大情怀。

这种情怀，我们在新华社记者穆青笔下的焦裕禄、“老坚决”潘从正等人身上看到了；作为身负记者之名，但不在记者行业之列，只是在企业从事新闻宣传工作的我们，也在一位又一位朴实无华、奉献一生的员工身上看到了；我们更在那些坚韧不拔，致力于开拓创新的先进模范人物身上看到了。那就是传说中的人性之光，是人性的灼灼光华。

到工地采访，经常有人对我说：“你真的很喜欢新闻宣传工作。”是的，我真的很喜欢这份工作，而且越做越喜欢。

二十多年来，我写过一年出差两百多天的营销人员；写过在国外工作二十多年的项目经理；写过在工地工作四十多年的一线技术工人。他们有的谈笑风生，有的不善言辞；有的才华横溢，有的平淡无奇。尽管每个人的性格特点不同，工作经历不同，工作业绩或丰硕，或只是日复一日地重复着同样的工作内容。

海尔总裁张瑞敏说过：“什么叫作不简单？能够把简单的事情天天做好，就是不简单。什么叫作不容易？大家公认的非常容易的事情，非常认真地做好它，就是不容易。”这句话传播范围很广，我曾经在管理类、励志类、鸡汤类等各类文章中多次读到，甚至在心理学书中也读到过。

不管多么简单的工作，不管多么容易的事情，都会有人做到极致。我们习惯用“做得很漂亮”来形容好的工作过程和结果。确实，当一件事情完成得很好时，我们感觉到开心又愉悦，就像看到“一个漂亮的小姑娘”一样。

每一个行业都会有困局。在企业做新闻宣传工作最大的困局是“发展路径狭窄”的问题。做得好就是一辈子，做得不好就会被淘汰。那些做得不太好转行做其他工作的人，后来反而发展得比较理想。

不是只有重大工程、重大事项才会产生感动的人物、感动的情愫，有些平凡人所做的平凡事，也蕴含着深深的感动，那种感动更绵长、更深远。

大项目业绩宏伟，小项目默默无闻。有时候，做好小项目的人有更精彩的故事。我曾经写过一个这样的故事：项目完工后，有一位同事留下来收尾，一边整理资料，一边等待业主验收，一个人在项目部住了两年。这不是人人都可以做到的，那种孤独和冷清不是三十岁左右的人可以忍受的。关于那两年的生活，我们谈了很久。我从中看到了一份坚韧，看到了一颗心在浮躁中慢慢沉淀下来的过程。

所以，做企业新闻宣传工作，不仅可以提高写作水平和沟通能力，更重要的是，还可以感受到这份“向上、向善、向好、向美”的情怀。

企业新闻宣传工作，另有一条旅行之路。它与交谈这一精神之路并行。

CONTENTS

# 目　录

# 第一章 宣传有能量

把企业文化用新闻的形式来展现，用职工身边的人和事把企业文化讲活，给大家以真实的感受，企业文化就不再是一个名词，而是职工踏踏实实的行动，是企业实实在在的传承。

# 用好新闻宣传，盘活企业文化建设这盘棋

企业文化建设的难题之一是“如何解决两张皮的问题”，企业新闻宣传恰好可以做“两张皮”沟通的桥梁。

“两张皮”的百度释义是“一件事情的两种表象或结果”。如果有了新闻宣传这座桥梁，两种表象就会联系起来，指向一个共同的结果。

新闻宣传是企业文化建设和精神文明建设的重要载体。没有新闻宣传工作的辅助，企业文化建设就失去了上传下达的通道，就成了无源之水、无本之木。

企业发展历史已经证明，企业文化建设和精神文明建设在企业发展中起着重要的不可替代的作用。“一年企业靠运气，十年企业靠经营，百年企业靠文化。”多家企业的发展历史证明，这不是一句空话，而是实实在在的经营管理之道。

企业文化包括文化观念、价值观念、企业精神、道德规范、行为准则、历史传统、企业制度、企业环境、文化氛围、企业产品等内容。无论哪个方面，都需要让企业内部员工和企业外部的社会公众了解、熟悉，最好喜欢上。要让他们了解、熟悉企业文化，就必须有有效的传播渠道。会议、宣传牌、领导讲解等也是传播渠道，但这些渠道的传播范围是有限的:传播效率低，而且仅限于企业内部。新闻宣传的传播途径多种多样，高效的传播途径对企业文化的影响是潜移默化的，覆盖面广，传播范围大，比会议、领导讲解等“填鸭”式形式，更容易被人接受。

近几年，国家提倡讲好“中国故事”，国企提倡讲好“国企故事”，政府提倡讲好“民生故事”。“故事”也是新闻宣传报道的一种形式，属于通讯体裁。《县委书记的榜样——焦裕禄》不就是讲了一个县委书记的故事吗?

用新闻的形式来展现企业文化，用基层员工和企业管理人员的故事把企业文化讲活，是企业文化建设的有效手段之一。越来越多的企业已经认识到了企业宣传的重要性，企业文化不再是一个名词，已经转变成了职工踏踏实实的行动——实实在在地传承和发扬企业文化。

## 企业管理艺术之新闻力

企业管理既是一门科学，也是一门艺术。也可以说，企业管理中有刚性的部分，也有柔性的部分。

做好企业管理，需要有规章制度、战略规划等刚性约束机制，也要有员工关怀、精神鼓励等柔性管理措施。

新闻宣传工作属于企业管理的柔性部分，是管理艺术的表现形式之一。

除了向全体员工和社会公众传播企业发展动态的日常新闻报道，对先进人物和企业发展业绩的宣传报道也是一种管理艺术，同时也是对员工的一种激励，是一种方向的引领，是“企业欢迎这种员工”的潜在表态方式。这种新闻宣传方式也在告诉大家“企业一直在努力”“企业在做什么”。

每逢重大事件和节假日，企业会向全体员工发出《致全体员工的一封信》《慰问信》等公开信或声明，表明企业的态度，公开企业的主张，让员工和关心企业发展的社会公众看到企业在市场大潮的身影，听到企业在关键时刻发出的声音。这也是企业管理的措施之一。

如果把企业管理中属于科学部分的刚性约束比喻为企业的智商，那么属于艺术部分的柔性约束就是企业的情商。最好的管理应该是智商与情商相得益彰。新闻宣传是“企业情商”中可以调动情感力量的那一部分，只要善加利用，一定可以在企业改革发展中发挥重要的促进作用。

## 为什么以正能量为主

企业新闻宣传工作强调“弘扬主旋律，传播正能量”，那么为什么要以传播正能量为主？下面主要从企业凝聚力方面来讲述个人的观点和工作感受。

企业是由人组成的，而人性存在多面性和复杂性，因此会产生不同的能量场。在经济学意义上，企业是以追求利润最大化为目标的社会组织。引领大家为企业的发展目标共同努力就成为一项重要的管理内容，企业新闻宣传工作就是为这一项管理内容服务的。

人的素质有高、低之分，人的工作态度也有区别。有的人认真工作，有的人应付了事；有的人爱岗敬业，有的人浑浑噩噩；有的人激情无限、创新不断，有的人平平淡淡，满足于做好手头工作；有的人工作越做越多，一个岗位拓展成两三个岗位，业务量不断增多，业务范围不断扩大，有的人工作却越做越少，最后成为边缘人；等等。企业新闻宣传就是要让大家看到那些认真工作、专心做事的人，让大家看到那些为了工作跑步前进的人，看到那些为企业发展努力奋斗的人，让大家看到希望，看到未来，看到身边的学习榜样。

企业新闻宣传不同于、不限于先进事迹报道，但工作对象主要是可以做企业的中流砥柱的人和与企业相关的重大事件。

有一篇文章说得很有意思："谁提议谁多干，谁能干谁多干，谁老实谁多干，谁心软谁多干。"让多干事、能干事的人做新闻宣传的主角，让员工看到企业中有这么多实干、能干的人，喜欢上这样的人，如果能进一步从中体会到认真工作的快乐和成就感，并为之自豪，那么新闻宣传就起到了倡导企业文化和传播正能量的作用。

一家企业就是一个独立的团队，所属的下属单位是独立的分支团队。一个团队的方向和目标是什么？一个团队的主流精神是什么？一个团队的奋斗历程是什么？这些是企业新闻宣传的工作内容，值得从业者努力书写。

金无足赤，人无完人，企业也是这样，总会存在这样或者那样的不足。企业的性质，决定了它必须追求发展。存在的负面现象和不足之处，无论是物质管理层面的，还是人力资源方面的，企业都要在发展过程中逐步改进。

做企业新闻宣传工作的人心要正，要立足当下，着眼未来，让大家在新闻宣传工作中感受到企业发展的希望。

# 企业内部最高效的沟通方式

是否重视宣传这种面向大众的沟通方式,是企业氛围开放或封闭的直接外在表现。

会议是企业内部常见的沟通方式之一。每种类型的会议都有特定的参加人群,受众仅限于与会议内容相关的少数人。企业最重要的年度工作会议,达到一定级别的人员才能参加;投资类会议,仅限于财务人员和项目管理人员参加;党建类会议,党员参加;等等。受会议议题所限,一次会议只能研讨与会议主题相关的内容。然而,会议的低效和高成本一直为大家所诟病。

文件是企业内部另一种常见的沟通方式之一,面向特定的人群发布。受众面受限,文件需要一层层转发,而且基层员工很难看到重要的文件。

新闻宣传则不同,受众面广,可实现"一对多"的传播。在网站、微信公众号和各类工作群发出的消息,员工很快就能看到,传播速度快,传播范围广;效率高,成本低。

内部沟通不仅要传达信息和讨论议题,还要使员工广泛地了解并认同企业的发展理念,在此基础上,进一步接受企业文化。最好的效果当然是让员工热爱企业。一个人如果对企业一无所知,是谈不上热爱的。一位员工对企业的信息了解得越多,参与感越强,归属感也会越强。这就是"五年以上工龄的员工辞职率低"的原因。本人所在单位,参加工作一到三年的员工是辞职率最高的群体。十年以上工龄的人,如果辞职,要么有更好的选择,要么有迫不得已的原因。

企业文化不是从天上掉下来的,是用心打造、建立起来的企业灵魂。在企业文化建设的过程中,各类宣传是必不可少的,而新闻宣传是最高效的路径。

## 从新闻宣传工作看一个单位的文化氛围

员工是企业的重要组成因素,企业是员工的发展平台。如何维系二者之间的关系?文化氛围很重要。

我们经常讲"新闻宣传是企业文化建设的载体",其实,新闻宣传工作也是一个单位的企业文化建设的窗口,是一扇很大的窗,360 度无死角。透过新闻宣传工作一眼看过去,企业文化氛围基本一览无余。

企业等级观念严重还是实现扁平化管理,工作作风扎实还是"重面子工程",士气高昂还是死气沉沉,员工对企业的感情紧密程度,等等,都可以在新闻宣传中体现出来。

新闻写作方法和报道范围可以体现出一个单位的工作作风,做事情大刀阔斧的单位,新闻报道直奔主题,简洁明了;管理职责不清、拖泥带水的单位,新闻报道语焉不详;气氛活泼、严谨敬业的企业,新闻报道数量多,涉及内容范围广;死气沉沉、松散消极的单位,新闻报道数量少,内容单一,主题单调。

一篇日常管理动态新闻,要经过各级领导层层审核,每位领导都有自己的修改意见和补充内容。改来改去,最后改成"四不像"发出去。这样的单位生产经营状况不会好,"看似大家都很认真,但是谁都不负责任"。

本人在某基层单位工作时,单位上人人都是通讯员,个个都能写文章,那是单位生产经营的顶峰时期。所以,新闻宣传工作不仅是企业文化建设的载体,还是生产经营和企业管理状况的一面镜子,把企业内部情况照得清清楚楚。

## 系统性地思考和策划

企业新闻宣传工作现实中的尴尬问题是领导和从业者习惯从写作能力这个单一的角度看新闻宣传工作,开会时就写开会,举办活动时就写活动,以传播信息的写作方式写出新闻就算交差了,没有把宣传工作放到企业管理的大盘子中,从企业文化建设和品牌建设的角度进行系统性的思考和策划。

缺少系统性的思考和策划的后果是对新闻宣传工作的理解浅薄化、单一化，不仅大大降低了工作的影响力，从业者个人的工作能力和水平也难以得到提高。

进行系统性的思考和策划，要重点关注以下三个方面。

一是要把新闻宣传工作放到企业改革发展大局中。企业新闻宣传，前提是“企业”，不是“宣传”；也可以说企业是“因”，宣传是“果”。要从企业发展的角度做宣传，写企业故事，做品牌宣传。在会议、活动、一线生产经营等管理的方方面面提炼出精彩的新闻，为企业改革发展增加精神动力和文化内涵。

二是要把新闻宣传工作放到企业发展历史中。“今天的新闻就是明天的历史。”除了宣传、介绍企业发展动态，企业新闻宣传还承担着“记录企业历史，传承企业文化”的重任。今天记录的企业发展的重要新闻，明天就成为企业厚重历史的其中一页。把重要的事项用新闻故事的方式记录下来，相当于为企业保存了记忆。

三是要把新闻宣传工作放到全体员工中。员工是企业发展的动力，也是企业发展的主体，是企业新闻宣传工作的主要服务对象。因此，要做员工喜欢的宣传，写员工身边的新闻，写员工喜欢的新闻。同时要通过新闻宣传，告诉员工企业改革发展的方向，企业要奔向的未来。

企业新闻宣传工作，是企业管理的一面镜子，也是关于企业发展的一本书，记录历史，照鉴未来。

## 新闻宣传做不好的单位，其他工作也好不到哪里去

企业管理是一项复杂的系统工程，按照管理对象、成长过程、工作流程、管理职能、业务功能、资源要素等不同方面可以划分出不同的内容。

那么为什么说新闻宣传做不好的单位，其他工作也好不到哪里去呢？

第一，在系统、复杂的企业管理内容中，是否重视新闻宣传工作反映出管理者的视野幅宽和管理站位的高度。只有视野宽阔，具备一定水平的管理者，才能从全局角度看到企业发展的空间，做出全局性的发展战略。如果眼里只盯着

经营,那他的工作眼界仅达到市场经理的水平,这不是一个企业负责人应该达到的境界。

第二,从各个管理方面都可以找到与新闻宣传工作的衔接点。以与新闻宣传关系最密切的企业文化建设为例。

企业文化建设是基于策划学、传播学的一种理念的策划和传播,是一种泛文化。在建设企业文化的过程中,传播什么内容、以什么方式进行传播,无疑是关键内容之一。在网站、报刊、微信、微博、会议、张贴标语、娱乐活动、形势任务教育等各类传播方式中,以网站、微信等媒体为介质的新闻宣传是其中最直接有效的传播途径。

如果认可“一年企业靠运气,十年企业靠经营,百年企业靠文化”这一理念,那我们就应该认可新闻宣传在企业文化建设和企业发展中的不可替代的作用。

第三,海尔、华为、格力等知名企业出版了各类管理书籍和领导传记,这也是一种宣传途径。这些单位的领导以各种形式为宣传企业站台。每当看到他们的光辉形象出现在公众面前时,作为新闻宣传工作者的我,就会在心里感叹:这得为企业省下多少广告宣传费啊,这是砸多少广告宣传费也达不到的正面宣传效果啊!

第四,有的领导不是不重视新闻宣传工作,而是不知道怎么做,不知道如何开展这项工作,也就是能力达不到的问题。性格谨慎一些的担心拿捏不好尺度,怕做过了有负面影响,于是采取了“宁愿不做,不想出错”的保守做法。

现实中还是会有人抱着“好酒不怕巷子深”的观念,且不说时代变化已经淘汰掉这样的观念,不敢拿出门的酒又能好到哪里去?

## 定位、氛围、标杆——新闻宣传工作必备的“三大件”

要做好企业新闻宣传工作，就要准备好必不可少的“三大件”——定位、氛围和标杆。

要把新闻宣传工作做到位，首先要有准确的定位，要明确“宣传什么内容”“宣传重点在哪里”。每一家企业都有自己的特色，都有“量身打造”的市场定位和战略发展方向。新闻宣传工作要围绕企业的特色、生产经营形势和发展需求来开展，针对实际情况，有的放矢地制定每个阶段的重点宣传任务，策划重点报道。

要做好新闻宣传工作就必须要有良好的工作氛围，最好的氛围是领导支持、员工配合、通讯员积极参与。氛围良好本身也是工作做出了影响力的外在反映。

一个优秀的团队一定会有几个标杆人物做“领跑员”，要想把新闻宣传工作做得出色，就要有起引领和示范作用的标杆人物，做好通讯员队伍建设。标杆人物不是从天而降的，是从写作水平较高、策划能力较强的通讯员中选拔、培养出来的。在工作中，要优先选拔优秀的通讯员，提升他们在工作中的成就感和愉快感，使他们喜欢、热爱新闻宣传工作并更加努力，以带动更多的员工参与到新闻宣传工作中来。

## 宣传工作情况反映的是工作风气

每次召开党建会议、新闻宣传工作座谈会或者征集工作建议时，讲话中都会出现“领导重视程度不够”“投入资源不够”“党建和生产经营两张皮”等词语。

首先，年年重复相同的问题，连词语都不变，就是对党建和宣传工作没有进行深入思考，工作举措没有创新的表现。“窥一斑而知全豹，处一隅而观全局。”这直接反映出一家单位的工作风气和领导的工作态度问题。既然去年提出了“重视程度不够”，为什么今年仍不重视？今年发现了“投入资源不够”，明年是不是要着手解决这个问题？特别是“两张皮现象”，在“加强企业党建工作”强调多年的情况下，仍然被堂而皇之地提出来，这说明某些企业管理者在政治理论学习和对国家大政方针的把握方面存在严重不足。

其次，有的单位在党建和宣传工作方面有一定的进展，甚至取得了显著成绩，但在谈到问题和不足时，仍然沿用老套路，“新瓶装旧酒”，对工作中存在的问题不愿意进行深入分析和总结，表现出的是应付考核、敷衍塞责、得过且过等不负责任的工作态度。

任何一家管理能力优秀的企业，尤其是国有企业，党建和宣传工作都不可能是短板和弱项。所以，党建和宣传工作没有做好，不是这个工作重不重要的问题，也不是人会不会做的问题，而是相关人员根本没有考虑如何开展工作、如何加大宣传力度的问题。党建和宣传工作，对于企业来说，尤其重要，因为它体现了一个领导者的眼界和管理格局问题，反映了一家单位的工作氛围和风气。

## 管理是立体的，新闻是平面的

新闻宣传不一定能够真实地体现出企业管理水平的高低，但是企业管理水平决定新闻宣传质量是确定的事实。这相当于“米”和“米饭”的关系，没有米一定做不了饭，有米也不一定做得出饭来。

一篇新闻只能反映企业管理的某个方面或者某个阶段的内容，即使是综合性强的新闻综述，也只能就某一个主题展开，总结成绩，论述得失。但是企业管理是全方位的，是立体的。也就是说，管理模式、与市场的契合方式、领导管理理念、从业者能力等多种因素，将导致企业新闻宣传工作存在差别。

我认为，企业新闻宣传工作可以分为三个层次：第一个层次是新闻写作。这个比较好理解，就是只管写消息、写通讯，企业发生什么事就写什么事。有的企业甚至只见生产经营动态，不见新闻。第二个层次是宣传，通过各种方式大力宣传产品，宣传企业优秀的一面。文案也好，视频也好，只有一个意思：告诉受众，我们很优秀，我们很能干。这在生产生活用品的企业中比较常见。比较有代表性的案例就是企业的宣传片。第三个层次是企业文化和品牌文化建设。

企业发生的每一件事都与企业文化和品牌文化建设息息相关。通过新闻宣传讲述企业在追求一个伟大的梦想，在塑造一个光明的未来，在追求发展的同时承担着社会责任，并以自身发展促进社会进步。在这一方面，海尔和华为比较有代表性。这两家企业通过宣传产品创新研发、出版管理书籍等方式，带动了社会对企业的关注，并赢得了受众的认可。

事实证明，企业文化和品牌文化建设是新闻写作和宣传的最高层次。

## 首先要跟得上时代潮流

很多发展历史较长的国有企业，都有新闻宣传工作部门，也有一定的历史积淀和工作业务传承。如无意外，一般工作质量都不会差。有相当多的国有企业新闻宣传工作水平非常高，无论是企业宣传片还是通讯，都堪称佳作。

国有企业虽然行业不同，但是历史背景、发展过程类似，所以新闻宣传工作有相同和相通之处。在发展过程中，这些企业积累了很多宝贵的历史资料。

有传承，还必须有创新。

在创新形式、贴近一线、创作精品佳作等基本工作要求中，企业新闻宣传工作首先要跟上时代潮流，把握时代方向，跟不上就会被淘汰。

有很多企业的新闻宣传工作与社会新闻媒体同步开展。例如，微博兴起的时候，很多企业开设了企业官方微博；微信兴起后，几乎所有企业都开设了微信公众号，本人所在集团和二级子企业都先后开设了公众号。从频率和质量两方面都可以看出，企业投入了一定的人力和物力。

因为与新闻受众在同一个“战壕”的关系，与时俱进意识强烈的从业者们，除了绞尽脑汁地力争反映出企业发展的最新情况和取得的业绩，还要努力在形式、内容、语言和版式等方面不断创新，既要让企业员工认同，也要争取社会关注，最起码要获得同行的关注。

“创新，是指人类在生存和发展过程中，不断创建新事物，以及对事物进行变革、更新、发展的行为过程和结果。”从“变革、更新、发展”三个方面来看，如果要在企业中评选“工作方式创新奖”，新闻宣传部门一定独占鳌头。

## 没有独立的新闻宣传，也没有独立的生产经营

没有独立于企业管理链条之外的新闻宣传，也没有独立于企业管理链条之外的生产经营。

企业是一架庞大的机器，生产经营是发动机。只有发动机，企业也无法正常运转。一部机器通常包括“动力部分、传动部分、执行部分和控制部分”四部分。各部分作用发挥到位，企业才能高效运转。

新闻宣传是传动部分的零部件之一，如果作用发挥到位，可以大大提高机器动力所能发挥的效能。新闻宣传不只是发布一篇消息或者通讯，它是上下、内外传输信息的通道，是面向全体员工和社会公众的信息沟通桥梁，是搜集企业改革发展和规划信息的渠道，也是年度总结、工作报告、领导述职报告、五年规划等我们所能想到的文字材料的素材提供者。

新闻宣传是企业管理的“传动部分”，能够促进企业员工的个人发展。员工和企业属于共担责任、共同成长的关系。只有深入了解企业文化和企业发展的方方面面，员工才能与企业和谐共生。

坐而论道不如起而行之。讨论哪项工作重要，哪项工作不重要，没有任何意义；抱怨领导不重视同样没有意义，只是徒劳无功，白费时间和精力。不管做哪项工作，都要努力把工作做到最好。新闻宣传工作者要改掉抱怨的毛病，钻研业务，不断提高工作能力和水平，用工作质量和实效说话。

## 企业党建工作与新闻宣传密不可分

如果在企业中为党建工作遴选一位关系最紧密的朋友，非新闻宣传莫属。

企业党建工作与宣传工作密不可分，党报党刊是“党的喉舌”，企业内部刊物则是“企业党组织的喉舌”，而不是可有可无的摆设。

为什么喊了多年的党建工作与生产经营“两张皮”的现象在现实工作中一直存在？因为有的单位把党建工作做成了发展党员、收缴党费等日常组织管

理，而没有把宣传教育、党员示范引领、党建阵地建设等工作有效地开展起来。

党建工作的各个方面都需要宣传这个好帮手。在开展各项主题教育活动时，各级党组织都会强调“典型引路，注重宣传”。宣传党建工作方法，可以让大家参考借鉴；宣传工作效果，可以起学习激励作用；宣传优秀党员，可以起示范引领作用。

要做好企业党建工作，就要创新工作方法，党建工作者可以依靠新闻宣传来提高各单位参与创新工作方法的积极性。党建工作者还要提高工作水平，通过新闻宣传途径来传播学习内容和方法。

企业党建工作要想提水平、上台阶，新闻宣传是必不可少的。

## 企业管理的放大镜和感应器

到二级单位进行其他专项工作检查时，我从一个新闻宣传工作者的角度，发现有的单位有很多宣传报道的新闻素材；有的单位则观感平平，大多是日常完成的简单工作，就连我这个多年从事新闻宣传、旧闻都可以写出新意的老手，都看不到新闻点。

我认为，新闻宣传工作是企业管理的一面放大镜，可以把企业管理创新发展的过程和业绩反映出来；是企业管理的显微镜，可以体现出企业管理和发展的不足；也是企业管理的感应器，可以感应到企业内部的氛围和员工的工作热情。

一家发展得红红火火、员工工作热情高涨的单位，各方面的创新和变化一定是经常发生的，这些创新和变化都可以作为新闻宣传的素材。这样的单位工作氛围也是活跃的。活跃的氛围会调动从业人员的创作热情，激发其他专业、爱好写作的员工主动参与新闻宣传，工作就形成了良性循环。

一个几百人的单位，有管理部，有实施具体工作的团队。一年写不出几条管理动态消息，说明这个单位基本没有什么变化，日常工作内容都是固定的。从新闻宣传的角度看，这个单位的管理是僵化的，员工的工作是单调的，氛围是乏味的。

企业新闻是发生在企业内部的事情,是客观真实的,是经得起推敲的,可以用新闻宣传的形式来表现的成绩也是经得起检验的。“今天的新闻就是明天的历史”,这句话正反映了企业新闻宣传工作的价值。我们今天所写的每一条新闻,都是企业发展动态过程的记录。

所以,企业新闻宣传,不仅是一项简单的工作,也是企业管理的放大镜和感应器,还是企业历史的记录员。

## 从企业宣传片制作过程谈新闻宣传外包

企业出于新闻宣传的目的,经常要制作一些小的视频。因设备问题和后期制作的需要,企业通常把形象宣传片交给专业的传媒公司拍摄制作。

在寻找性价比高的传媒公司的过程中,我发现制作方有三种类型:第一种是导演个人负责制。这种制作方虽然有注册的公司,但是实际上只有一个导演。导演接到片子后再找摄像、音乐、后期制作等专业人员组成临时班子。第二种是团队合作制。这种制作方也注册了公司,只有一个固定的小团队——三四个人组成。他们接到合同后先进行前期策划和拍摄,后期制作时再加入相关人员。第三种是专业公司,有完整的营销团队、策划团队、拍摄团队和后期制作团队。

我在工作中与这三种类型的公司都进行过对接,发现各有利弊。第一种类型——导演个人负责制,价钱比较便宜,人工按天计算,制作仓促,宣传片质量不能得到保证,而且后期修改有困难;第二种类型——团队合作制,价钱比第一种高,固定的团队能保证制作时间,但后期制作同样有质量和修改问题;第三种类型——专业公司,价格方面最难商量,从营销到后期制作,都需要深入其中,管理跨度大,内容多,耗费精力大,但是质量有保证,后期修改也方便。

为了保证制作质量,我最终选定了一家专业公司。但是从营销团队转到策划团队后,工作出现了新的问题:根据两万多字的文字材料和其他影像资料提炼出来的解说词,完全不符合宣传片的制作要求。解说词看起来都是高大上的形容词,但是感觉太空、太假。反复修改了多次后才过关,但是取的标题又不够好，要么老套，没有新意；要么表达不到位。在绞尽脑汁之后，我自己取了一个满意的标题——“创誉中外，诚筑未来”，这个标题最终被领导采纳。

拍摄过程还算顺利。摄像师曾经担任过电视剧主摄像，拍摄手法比较先进，点子多，省去了很多反复沟通、商量的过程。后期配乐、配音等制作过程充分体现了专业公司的“专业性”。拍摄工作整体上令人满意。

宣传片发布后，获得了企业内外多方好评，在腾讯视频也收获了不错的点击率。

企业形象宣传片是一种由声音、视频、文字组成的特殊宣传品。想要制作出高质量的片子，企业就要委托专业公司制作，也就是我们所说的“宣传外包”。外包绝不等同于不管不问，宣传品本身没有统一的质量标准，如果没有明确的要求和严格的过程管理，而只要最后的结果，那结果也很难令人满意。

首先，专业公司只是制作技术专业，并不能对企业进行深入的解读；其次，如果业主不明确制作要求，再专业的制作方也只能根据自己的思路走，容易形成不接地气的“文艺腔”；再次，工程施工过程需要进行旁站监理，同样，宣传片如果没有严格的监督，制作方如果放松要求，质量很难保证。

因此，新闻宣传外包，需要慎重对待。

## 企业新闻宣传是专业写作

每一家企业都有自己的生产经营特色，有自己的市场定位。新闻宣传要展现的是企业的特色和定位，所以它属于专业化写作，不是大众化写作。

专业化写作要求作者熟悉所在行业的专业内容、特点和术语，而且越熟悉越好。举一个例子：一篇写公路施工的消息中，介绍“连续施工一昼夜完成混凝土浇筑2方”。没有专业知识的编辑修改后发了过来，施工专业出身的我一看这个错误太大了，联系作者一问，原来是2万方，漏掉了一个“万”字。

一字之差，谬之千里。在专业性突出的企业尤其如此。因此，从事企业新闻宣传工作一定要加强专业知识学习。到一线采访是学习机会，和通讯员交流是学习机会，各类会议也是学习机会。

## 稳比快更重要

迅速、及时,是新闻的特点之一。企业新闻,在保证时效性的同时,还要保证宣传质量。尤其是敏感信息和重要数据,一定要找权威人士核实后再发。

新闻除了传播信息,还具有导向和凝聚功能。每一条新闻都在告诉员工企业“做了什么,正在做什么,将要做什么”。错误稿件发出去之后,稿件可以撤回,但是影响力撤不了,甚至可能引起不必要的猜测。我在工作过程中,曾经发表了一篇重要的新闻。新闻发表后,领导又有了新的想法,要求撤下来进行修改后再发表。但是领导意见不统一,稿件未能再次在内部媒体发表。几天内,有几个人询问编辑稿件撤回的原因,编辑解释说,真实原因是“领导有新的想法”。但是多数人半信半疑,认为编辑没有说明真实情况。

企业是一个相对封闭的空间,员工对内部的变化信息非常敏感,尤其是通过宣传渠道发布的消息。因此,新闻稿件在发表之前,一定要解决相关的疑问,坚决不发有疑问的新闻,不做有问题的宣传。

企业宣传,稳比快更重要。

## 新闻宣传要符合“企格”主调

企业新闻要遵循一般的新闻规律,如真实性、准确性、及时性,同时又有不同于社会新闻的特性和表达方式,要符合企业的发展形势和管理要求。

企业是从事营利性经济活动的经济组织。企业新闻宣传是企业的管理活动之一,为企业的发展使命和目标服务。因此,新闻应与企业的发展形势同频共振,同向而行。

企业在不同时期有不同的发展要求,遇到不同的发展问题时需要倡导不同的精神。例如,企业在生产经营低谷时期,宣传重点为号召全体员工发扬攻坚克难、艰苦奋斗的精神,团结一心,共同助力企业走出困境;企业保持昂扬奋进的势头,连续取得佳绩时,宣传重点是在关注企业发展业绩以凝心聚力提振士气的同时，加大提高管理水平、增强员工敬业精神的宣传，以增强企业发展的后劲。

此外，如同人有人格一样，每一家企业也有独特的“企格”。新闻报道要符合“企格”的主调，体现出企业文化的特点。例如，一家要求员工穿工装、严格规定上下班时间的企业，宣传部门却报道员工追求自由着装等人性化管理措施，这就与企业管理制度乃至企业文化背道而驰。如果一家企业的员工工作压力大，加班时间长，宣传部门却不断发表关于加强纪律管理的报道，这种报道与企业的工作环境严重不符，会引起员工的反感。

做新闻宣传工作，要先做好企业文化解读。新闻报道要围绕着企业的发展战略、使命和当下的重点工作进行。创新形式和语言，以喜闻乐见的形式做好发展目标、战略、形势宣传，才能体现出新闻宣传的价值，创造出影响力。

## 非从业人员也应该关注新闻宣传工作

从表面上来看，新闻宣传工作对职务升迁的影响力较弱，所以有部分员工几乎不关注新闻宣传工作，不关注企业媒体，这种现象越到基层越严重。谈到新闻宣传工作时，有的总以“工作忙”“生产经营压力大”“学习任务重”等理由推脱，有的则直接说：“新闻宣传工作有通讯员做就可以了，我们又不做这项工作，关不关注不会有什么影响吧。”

国有企业规模都比较大，一个人所在的位置只能是其中一点，位置比较高的人会看得全面一些，但是看不细；位置低一些的人可以看到一个或者多个侧面，但是看不全，也看不细；在基层工作的员工只能看到自己所在的点或者片，无法看到面。企业新闻宣传工作的立足点和出发点是企业，是为企业发展服务的一项工作，是唯一可以反映出企业发展各种动态情况的一个综合性橱窗，是让每一位员工同步了解企业的发展状况和成绩的展示牌。

通过多年的观察和思考，我认为，无论在哪个领域、哪个专业发展，关注新闻宣传工作都可以从中受益：一是可以了解到企业的整体发展情况，二是可以了解到一线业务的最新进展，三是可以了解到员工的思想动态。通过这项工作，我们可以看到一个不一样的企业，一个不一样的世界。

在项目上讲课时，我曾经说过："作为一名一线普通员工，你可以不关心新闻宣传工作；当项目部门的主任，不关心新闻宣传工作也可以。但是当你走上项目经理岗位之后，你不关心新闻宣传工作，会有人提醒你关心；你做得差了，就会有人来督促你；你再不关心，就会有上级领导来找你谈话，甚至可能批评你。"

综上，新闻宣传工作一直都很重要。新闻宣传工作面临的问题不是它重不重要，而是当事者认识水平高低的问题，是新闻宣传工作者习惯从大局出发思考问题、习惯主动工作，还是思维狭隘、习惯被人推着走的问题。

## 不要把新闻宣传工作挂在领导的嘴上

一个单位的新闻宣传工作成绩如何，与单位领导，尤其是分管领导的重视程度和具体负责的员工的工作态度密切相关。领导重视、员工努力是最佳状态，既见成绩，也见成效。即使领导不重视，具体负责新闻宣传工作的员工努力、认真，这个单位的成绩也会不错。就怕那种工作靠领导督促、推一推动一动、不推不动的员工做这项工作。领导管理严格，督促得紧，宣传工作就做得好一些，稿件量就多一些；领导比较佛系，管理松散，宣传工作就若有若无，稿件量就很少，一个单位一个月不见一篇稿子也是常见的事。

领导重视与否，是一个很复杂的管理环境问题，不在作为下属的员工解决能力范围之内，但是从事新闻宣传工作的员工可以解决自己的工作态度问题，不要把自己的工作和前途挂在领导的嘴上，靠领导的督促来做工作，而要充分发挥自己的主观能动性，创造性地开展工作。

包括新闻宣传在内的任何工作，工作人员没有积极性肯定是做不好的。企业宣传内容除了网站、报纸、微信、微博等内部媒体和海量的外部媒体，还包括横幅、海报、彩旗、展板、讲座等，林林总总，形式有几十种。面对这么多种可以选择的宣传形式，只要用点儿心思，动点儿脑筋，花点儿时间，就能做出成绩来。宣传工作如果寂寞无声，做不出成绩，就是从业者的能力问题或者态度问题了。

有能力的人想办法，没能力的人找理由。工作状态与人的能力息息相关，实际上也是工作能力的一部分。想做事才能做成事，想做好工作就会主动去寻找新闻线索，就会主动去策划宣传方案，就会主动组织通讯员开展多种形式的组稿活动；不想做事就会找各种理由来推脱，“领导不重视”“同事不配合”“通讯员积极性不高”是常见的理由。

领导不重视是现实中确实存在的问题，但同事为什么不配合？通讯员为什么积极性不高？是不是自己的能力有问题呢？所有的问题都是人的问题，只有把自己做不好工作的原因搞明白了，把自身的问题解决了，才能解决工作中存在的问题。

重视或者不重视，新闻宣传工作的重要性和影响力都在那里。我们做具体工作时，不应该把这项工作挂在领导的嘴上，而应该落实在自己的具体行动中。“有实力才有魅力，有作为才有地位”，只要把工作做好，新闻宣传就能产生一定的影响力，确实为提升企业形象和凝聚力做出贡献，成为企业文化建设的重要载体。我相信，只要把工作做好，领导不重视的问题就会迎刃而解，其他问题也不再是问题了。

## 新闻宣传是里子，不是面子

有人把新闻宣传看作“面子工程”，认为宣传就是推广成绩。这种观点是非常错误的。

业绩只是新闻宣传工作的内容之一，而不是全部。企业管理的覆盖面有多宽，新闻宣传内涵就有多广。

宣传重结果，更重过程，只有在过程中提炼出新闻，才能做出“多层次、全方位”的宣传。

一是新闻宣传体现了企业的价值观，企业重视什么，做事风格是什么，都可以在新闻宣传工作中体现出来。

二是新闻宣传可以反映出企业的精神面貌。只有文化氛围活跃的企业才能做出活跃的宣传，反之亦然。

企业只有扎扎实实地做好企业管理的各项工作,在企业改革发展过程中做出实实在在的成绩,新闻宣传工作者才能写出有影响力的新闻稿件。

好气色来自健康的身体,好面子来自好里子。想要做好新闻宣传工作,企业首先要有一个“身心健康”的机体。

## 宣传是展示工作成果,不是作秀

谈到企业宣传时,我们经常说要做好“对内、对外宣传工作”。“对内宣传”是面向全体员工展示工作成果、业绩、重大进展、发展动态等消息,通过这些消息把大家为企业发展做出的各种努力展示出来;对外宣传则主要是为了展示企业发展所取得的成绩,推广品牌。

有一个单位在企业文化建设方面做了大量的工作,但是在汇报和检查中却没有体现出来,这是因为宣传工作出了问题。有的单位无论是企业文化建设,还是新闻宣传工作,都做得一般,新闻宣传却介绍得天花乱坠,存在弄虚作假的现象,这是更大的管理问题。

以质量管理为例,某项目为了迎合检查,做了大批以质量管理标准和体系为内容的展板,这就是典型的“作秀”式宣传。基层质量管理宣传和展示应该以“做了哪些工作”和“取得了哪些成果”这些内容为主,而不是展示标准。

无论是新闻报道,还是其他宣传,都要实事求是,有一说一,有二说二。新闻报道要展示有代表性和创新性的工作做法和成果,不能做成为了宣传而宣传的“T 台走秀”,否则,既会造成成本上的浪费,又会给职工带来“宣传就是应付了事”的感觉。

# 企业新闻宣传不同于先进事迹报道

有一个项目从开工到结束没有看到过一篇新闻报道，这在企业新闻宣传工作中也是一个极端的案例，新闻宣传工作者和项目负责人专门就此事进行了多次沟通。项目负责人拉拉杂杂地讲了一大堆理由，核心是“项目施工困难很多，没做出特别好的成绩，既没获奖，也没有得到业主和地方政府的表扬，没有什么可以宣传的内容，还是低调比较好”。

这位项目负责人的观点在企业中也有一定的代表性，认为企业新闻宣传只是报道先进事迹，只写表扬类、赞赏类信息，这是对企业新闻宣传工作的认知误区之一，是对企业新闻宣传工作的误读。

先进事迹的宣传属于企业精神文明和企业文化建设范畴，是企业新闻宣传的重要内容之一，但企业新闻宣传不仅仅限于先进事迹的宣传。上述项目负责人所讲的内容只是企业新闻宣传内容的一部分。企业新闻宣传最简单的理解就是“告诉大家生产经营取得的新进展、所做的重要工作、企业重大创新、开展的社会公益活动和所取得的成绩等”，所有发生在企业内外部、与企业相关的事情都是企业新闻宣传要关注的内容。

我们要把企业生产经营过程中取得的进展和各类管理工作所取得的成绩报道出去，把外界对企业的评价向企业内部员工报道，把企业新闻宣传工作建设成为内外沟通的渠道、向内部员工和外部的社会各界人士展示自身形象的平台。

小至一个项目，大至一家企业，公开透明的宣传报道有助于增加公信力和可信度。本文开头所提到的项目无论是规模还是价值，都算得上是企业的重点项目。开工就是一篇大文章，不仅可以在企业内部报道，还可以邀请当地地方媒体到项目上采访宣传，增加企业在当地的影响力，对树立企业形象、开拓市场都有裨益。

人对事物的认知有局限性，即使是一定级别的领导，对管理的认知也不一定能达到相应的层次。对新闻宣传工作的认知，决定着一位领导者的视野和格局。对企业来说，新闻宣传不是可有可无的管理内容；对企业各级负责人来说，做好新闻宣传是职责所在,不是可做可不做的工作,更不是可以忽略不计的工作内容。

## 新闻和宣传不分家

有人认为新闻应该是中立的,应该和宣传分开。这是不现实的观点,在实际工作中,新闻和宣传是分不开的。

新闻是根据发生的事实写成的文章,反映的是社会现实,代表的是作者的观点和对事实的分析和看法。企业新闻依赖于企业存在,反映的是企业生产经营过程中发生的事实,与宣传更是分不开。即使是批评性报道,也是以善意和关心的态度,指出存在的不足和明显的错误。例如人们熟知的"海尔砸冰箱"事件,砸冰箱是为了向大众表明海尔重视产品质量的态度和决心,让大家相信海尔产品的质量;不是为了批评海尔不关注产品质量。

"海尔砸冰箱"不是个例,也不是先例,在世界各地都有为了保证质量而召回问题产品或者把有缺陷的产品回炉再造的品牌故事。这些品牌故事都是先由新闻发起,而后再润色、加工,成为企业品牌故事,正好印证了"今天的新闻就是明天的历史"这句话。

在国有企业中,新闻和宣传更是"一家人"。把企业发展过程中新发生的事情作为新闻传播给企业内部员工和社会大众,本身就是宣传方式之一。"某公司在南亚签约世界第一长坝",这是令企业员工精神为之振奋的新闻,是向社会各界报道企业发展业绩的宣传方式。

犹太教义中有这样一个故事:真理赤裸着身子,冷得浑身战栗,到村子里的每一户人家都被驱赶出来,她的赤裸使人们感到害怕。当寓言发现她时,她正蜷缩在一个角落里,瑟瑟发抖,饥饿难耐。寓言对她充满了同情,于是把她带到自己家中。寓言用故事把真理装扮起来,使她感到温暖,然后又把她送出去。真理在穿上寓言故事的外衣之后,再一次到每一户村民家门口敲门,她被人们热情地迎进屋子里。他们邀请她和他们一起在桌子上吃饭,用他们的火炉温暖她冰冷的身体。

这则故事告诉人们:即使是真理也需要故事包装,需要一个正面形象。企业新闻宣传代表着企业的形象,更需要正能量和正面形象的加持。

文字带有作者的感情和思想。所谓公正和中立,是不代表甲方,也不代表乙方,仅代表作者自己。绝对不向大众传输观点、没有感情色彩的文章是不存在的。

## 大事件报道要打好“组合拳”

大事件和有意义的事件报道,要多出招数,用“组合拳”来提高报道的效果和影响力。

企业经常会有一些有影响力的事件发生。例如,刷新施工记录,企业和某位员工获得某项高级别的荣誉,创新技术,解决某项重大技术或者管理难题,重大战略方向调整,等等。遇到这样的事件时,企业新闻宣传工作者一定要采取多种方式、从多个角度分别予以解读,扩大传播范围,让更多的人知晓。

例如企业进行了一次重大改革,第一,要用消息写出改革的具体措施、目的和要达到的效果;第二,用一篇或者多篇通讯写出改革的背景、远期目标和对企业的重大意义;第三,用“领导访谈”的形式报道改革对未来发展的预期作用,用“员工体会”的形式报道员工对改革的看法与评价;第四,用系列评论加深受众对改革的了解,赢得理解和支持;第五,用好微信公众号和其他媒体形式,做好事件内容的综合报道。

这是本人所在企业一次转体桥施工的报道组织形式。一篇千字消息——《上跨京九立交桥转体成功》,介绍了大桥转体施工时间、过程、一系列准备工序和对整体工程的意义所在;一篇现场特写《深夜十点,大桥在转体》,描述了施工现场的环境、转体过程,通过现场人员的反应和讲述来表现转体的细节和技术;一篇微信公众号文章《刷新集团记录! 14500 吨大桥震撼转体》,则综合了各类信息:大桥施工的精心组织过程,参与其中的员工的激动之情,在企业发展史上的重要意义等。

大事件报道之前,要做好多方采访,掌握的信息越全面越好,在此基础上再研究、策划方案。组合报道没有一定之规，可以灵活采用、灵活组合。连续报道也是一种重要的组合方式。

多形式的“组合拳”报道本身就是事件重要性的体现，也是从业者策划、组织、写作等能力的体现。因此，遇到重大事件，既要重视事件报道本身，也要重视用不同的方式报道，不断提高对新闻的理解能力和宣传报道能力。

## 工作汇报也是一种宣传方式

理想是理想，现实是现实。作为新闻宣传工作者，无论我们强调工作多么重要，现实中总会有人唱反调。在工作中，我发现了一个非常有意思的现象：各个级别的领导都很重视对上级的工作汇报。通讯员下去采访，感觉没什么可说的；如果领导到了，汇报起来却没完没了。

企业宣传有对内和对外之分，也有对上和对下之分。工作汇报就是对上级单位和领导的一种宣传方式——让领导知晓和了解工作成绩和所取得的进展。

新闻宣传的对象是全体职工和社会公众，工作汇报是一种仅限于对上级的宣传方式，直接受益人是单位领导。

所以，没有不重视宣传的领导，只是重视的方式、方面和内容不同。

只重视对上的工作汇报，认为面向包括员工在内的大众的新闻宣传没有价值，是“媚上”的典型表现，体现了管理者思维的狭隘性和片面性，会导致企业整体氛围不良，不可小觑。

# 第二章 通讯有故事

讲好“企业故事”是企业新闻宣传的重要命题。而要讲好“企业故事”，有一种文体必不可少，那就是通讯。

## 好的通讯有电影和电视剧的视觉享受

穆青老师的很多作品都可以拍成电影和电视连续剧。电影《焦裕禄》的影响力不用我说,如果把《改革大潮中的老支书》改编成剧本,再拍摄成电视剧和电影,将比我们看过的反映农村改革发展的电视剧要正面、真实、感人得多,也更有现实意义。

不同表现形式的文艺作品可以达到同样的影响力。好的通讯有电影和电视连续剧的视觉享受,仿佛那些人、那些事就在你的面前。

“他站在洪水激流中,同志们为他张着伞,他画了一张又一张水的流向图。等他们赶到金营大队,支部书记李广志一看见焦裕禄就吃惊地问:‘一片汪洋大水,您是咋来的?’焦裕禄抡着手里的棍子说:‘就坐这条船来的。’”

读完之后,眼前是不是都是跳跃的画面?心里是不是有着深深的感叹?

这样的例子有很多,常读新闻作品一定会读到这样的情节。再来看报告文学作家蒋巍《那一刻,钢铁为什么热泪横流》的一段:“当我走进首钢宏阔巨大的厂房,站在平台上感受灼人的热浪,看到满脸油污汗迹的工人在轰鸣声中默默挥汗劳作,一个激昂的声音突然在我心中响起:共和国的脊梁依然挺立着!”

是不是一个艰苦劳作的画面浮现在眼前了呢?

要想达到这样的效果并不难,多用动词,写实事,讲过程。最重要的是,故事要真实,文字要朴实,要有真情实感。

要想故事鲜活,有画面感,最重要的是要有扎实的采访,多写故事发生发展的过程。

## 人物通讯胜在故事性

故事性不强,是影响通讯可读性的重要原因之一。一位项目经理为我们提供了一个如何用故事串起人物通讯的样本。

《安哥拉筑梦之路》再次验证了“人的优秀是一贯的”。该文文风清新,文笔流畅,感情饱满,情节细腻且活灵活现。安哥拉项目经理在该文中记录了自己在安哥拉工作十年的心路历程。作者仿佛带着我们重温了一遍他十年中所经历的风风雨雨,我们也体会到作者艰辛的探索与成长之路。

作者以自己参与实施过的工程项目的特点为切入点,选取有趣或者有代表性的故事,就像与人聊天一样,娓娓道来,描述了自己从一个初出校门的青涩大学生,一步一步地成为项目总工、项目经理的成长过程和心路历程。每一步都有刻骨铭心的记忆,字里行间都是故事,处处表达着自豪的成就感。

下面摘录其中一段:

十年见证着城市的变化、项目的变化、油价的变化、人员的变化……

十年间住过非洲茅草房子,坐过军用飞机,被警察关过小黑屋、被劫匪持枪抢劫过……

十年间经历了许许多多,有好事也有坏事,有喜事也有悲事……

但我很热爱这一份事业、这一片土地。

…………

这篇自传体人物通讯胜在故事性强。

故事,就在我们自己或者采访对象的经历中,就看我们能不能写出来,能不能挖掘出来。

## “详”与“略”如何选择

讲好“企业故事”是企业新闻宣传的重要命题。而要讲好“企业故事”,有一种文体必不可少,那就是人物通讯。

人物通讯是企业新闻写作的重要文体和常见文体。人的经历丰富多彩,不同的人具有不同的思想,每一个人都可以被通讯员写成练笔的小作品,也可以被高手写成扛鼎之作。来稿中,这类作品质量良莠不齐,“流水账”和“先进人物事迹材料”是两大常见的通病。这一篇主要讲如何避免把人物通讯写成“流水账”。

我所在的国企与其他国企大同小异,有着五十年以上的发展历史,工作几十年的同事比较常见。写这类人物通讯时,因为时间跨度较大,主人公经历复杂,材料选择的首要问题是要注意“详略得当”。

人物通讯的详与略要有选择,如何选择,是经验问题,也是技巧问题。

写作,同样不能打无准备之仗,准备得越充分越好。我们在写作人物通讯之前,要先了解主人公。企业在员工管理方面都有详细的档案,员工的经历基本可以在档案中查询。另外,我们还可以收集主人公以前的报道和个人总结等相关资料。

采访之前,要对所收集的材料进行分析。哪些是重要经历,哪些是次要经历;哪些是能体现主人公人格特点与风采的故事,哪些只是人生中的普通事件,要精心选择。

接下来就是人物通讯最重要的环节——采访。采访过程中即要对主人公经历的“大事、要事”进行详细的了解。主人公本人比较感兴趣、记忆深刻的经历是重点内容。前者是主人公成长的关键节点,后者是主人公情感的体现。

在动笔之前,我们还要对收集和采访的资料进行一次盘点、分析。重复的经历要选择最精彩的部分重点描述,人物在转折时期的经历要重点描述,主人公感情比较深的故事要讲述清楚。

通过以上三步,一个有血有肉的立体人物形象已经在心中形成。接下来的写作过程可以先列出提纲,也可以根据个人的感受一气呵成地写下来。

再多的技巧学习也抵不过实战演练。如果喜欢写作,从今天开始强化练习是最重要的事情。

## 与写作对象越熟悉越好

人物通讯非常好理解,就是写身边熟悉的人。这种文体实际上我们从小学三年级就开始写了,《我的妈妈》《我的同桌》《我的老师》……十几年学校生活一路狂奔下来,怎么也写过几十遍。参加工作后,把家长和同学换成身边的同事,就是人物通讯。

无论是父母,还是老师、同桌,都是我们日常生活中非常熟悉的人,所以写起他们来感觉比写别的题目的作文容易一些。在企业新闻写作所涉及的各类文体中，打开企业网站看一下，就知道人物通讯是比较常见和多见的一类文章。

要想写出一篇生动的人物通讯，我们就要与写作对象沟通交流，越熟悉越好。

文体雷同，内容也雷同，都是通过介绍、讲述主人公的所作所为来表达、体现他的风采和成就。千篇一律的形式是写不好人物通讯的。我们要学会讲故事。风采和成就，也要让故事来说话，而不是干巴巴的语句的罗列。

如何找到生动的故事，是人物通讯写作的关键。

有"人民记者"之称的新闻前辈穆青笔下的人物中，流传比较广的有县委书记的榜样焦裕禄、工人的旗帜赵占魁、铁人王进喜、红旗渠的除险英雄任羊成、植树老人潘从正、至死不忘周总理嘱托的农民科学家吴吉昌等。这些人物，个个鲜活有力，个性鲜明，因为穆青非常熟悉写作对象。

在新闻宣传培训中，我们常听说"和采访对象交朋友"这句话，穆青不仅和他的采访对象交朋友，而且他们成了一生的挚友。很多文章他都写出了续篇：1966 年 2 月写出报告文学《县委书记的榜样焦裕禄》之后，1966 年 3 月写了《再访兰考》，1990 年 7 月又写了《人民呼唤焦裕禄》。后面这两篇文章是对第一篇文章的补充，也是对事实的验证。三篇文章连起来读，就像一篇文章的三个章节，完全感觉不出出自不同的年代。这主要是由于作者具有扎实的写作功底、扎实的采访功底。

当然，不可能每一个写作对象都是我们身边熟悉的同事。采访主人公除了采用"直接熟悉"的办法，还可以采用"间接熟悉"的办法——采访熟悉主人公的亲朋好友。有的写作对象非常谦虚，讲起自己的故事来轻描淡写，而他的亲朋好友能够从第三者的角度来看、来谈，过滤掉了主观成分，把工作和生活串联起来。这样采访到的故事写作价值更高。

一个人的特点要通过具体的故事来体现，而故事离不开写作对象的所作所为、所思所想。所以，熟悉写作对象，除了要熟悉"人"，还要熟悉"事"。"事"指的是工作内容和工作特点。只有熟悉了写作对象的工作内容、工作重点和难点，才能写出活生生的人物。

人物通讯，是我最擅长和最喜欢的一类文体。通过写这类文章，我们可以感受到不同的人对人生目标和理想的不懈追求，以及他们对生活的乐观向上的态度。这也正是写作的意义之一。

## 如何写出主人公的特点

人物通讯是企业新闻宣传工作中常见的报道文体之一，这类文体的难点在于如何写出主人公的特点。在企业新闻宣传工作中经常遇到的现象是“把项目经理写得像技术员，把一线员工写得像理论专家，把人物通讯写成工作总结”。

写人物一定要实事求是，主要笔墨要用在讲“做事的过程”和“做事的成效”上，写主人公主要做了哪些事，用具体的事来讲述、表达奉献、奋斗、上进与执着等精神层面。例如写“他大胆创新”，不如写“他有哪些创新，如何创新，创新效果如何”。争取做到写谁像谁。有的通讯员喜欢用一大堆形容词把人夸成一朵花，把人物通讯写成表扬信。这种写法除了文风浮夸，留不下别的印象。

每个人在工作中都承担着自己独特的角色，都有自己的性格特点。尤其是做出了成绩的人，都有一个艰苦的奋斗和学习过程，在工作方法和思路方面都有独特的思考和总结。即使是做着相同工作的人，也因为性格、思想、做事风格等方面的不同而演绎出不同的故事。正是这“不同的故事”成为我们源源不断的创作之源。

人物通讯要围绕主人公的角色定位来采写。例如写一位劳动模范，就要围绕他的突出贡献来展开，从日常工作中具有个人工作特色的故事入手，来讲述他是如何成为劳动模范的；写一位见义勇为的员工，以讲述见义勇为的故事的发生、发展过程和结果为主，适当介绍一下日常表现；有感而发写一位身边同事时，要从我们“为什么有‘感’”“如何有‘感’”入手，写清楚那些“‘感’和‘发’”的故事……

人都是在经历中成长，有经历就有故事。讲故事，讲好故事，要用故事来讲述主人公的经历和个性特点。真实的生活中，一个人有很多面，没有“千人一面”这回事。我们要善于观察、发现一个人的多个侧面，这样才能写出一篇活灵活现的文章。

# 人物通讯是写别人,也是写自己

人物通讯表面上写的是别人,但实际上体现着作者的情感和对主人公经历的理解深度。人物通讯作品质量的高低与作者的写作功力和阅历呈正相关关系。

从表面上看,人物通讯是写"主人公做了什么,说了什么",本质上是写"作者看到了什么,想到了什么,思考了什么",而且后者比前者更重要。

以《县委书记的榜样——焦裕禄》为例,在介绍焦裕禄和县委副书记张钦礼的交流中有这样一段话:焦裕禄说"眼前关键在于县委领导核心的思想改变,没有抗灾的干部,就没有抗灾的群众"。焦裕禄在兰考做了很多感人至深的事,说了很多感人肺腑的话。作者穆青等人把这段话放在第一小节中,引出了后面县委领导核心转变思想后,齐心协力带领全县人民抗灾自救、艰苦奋斗的故事。这段话即使放到当下,放到国有企业改革发展中也不过时。

焦裕禄说了,做了;穆青等作者看到了,并且结合当时的历史环境想到了更深的层面。

把人物写活、写像,写出人物特点,有一个"同高同向"原则——作者要与主人公站在同样的高度和同一个方向上,需要我们遵守。焦裕禄"对兰考的一草一木有深厚的感情",作者穆青、冯健和周原三位记者在采访过程中,被焦裕禄的精神所感动,对焦裕禄怀有"深厚的感情",所以才写出了这篇感人至深的作品。

在人物通讯的采访和写作过程中,要带着感情来采写,才能写出感情来。作者经过感情过滤后写出的文章,对主人公是敬佩敬重,还是欣赏赞叹,在文字和故事中会自然地流淌出来。

因此,人物通讯,是写别人,也是写作者自己。

# 每一个人的故事都值得珍视

写小说、写散文等文学类作品，无论是悲情、幸福还是激情四射，这些情感都可以随心所欲地表达。但是人物通讯不行，尤其是企业人物通讯，不能随意抒发个人的感情，整体基调要积极向上。为了对个人负责，文章还应该以展现主人公的成长过程、工作成绩和所做贡献为主；在此基础上，选好切入点，通过讲述工作过程中的若干故事，来展现一个人或几个人的职业生涯和生命历程。

企业人物通讯有自己的特点：一是主人公为企业内部的员工或表现出色、有特点的员工；二是企业有独特的工作环境。我经常对通讯员说："人物通讯是新闻宣传工作者写作的起点和顶点。"有的通讯员认为人物通讯最好写，在工作经历中选几件精彩的事就可以了。是的，这就是人物通讯写作的起点。但是要想写出人物的特点和精华，特别是经历复杂的人，对作者的笔力就是一个考验，这也是穆青等人的作品《县委书记的榜样——焦裕禄》难以超越的原因。

人是最复杂的、多面的，成长过程、生命历程又是多姿多彩的。每个人的内心都有复杂的心理活动，在经历失败和成功的时刻，都会有程度不同的痛苦和喜悦。我们在人物通讯中应该表达怎样的情感？应该怎样讲述作者面对失败和成功时的心理感受？应该体现怎样的思想波动？这考验的不仅是主人公还原和讲述故事的能力，还有作者对人性的理解能力和共情能力。

有通讯员采访了一位阳刚气十足的小伙子，写出来的文章小标题分别是"什么什么之痛""什么什么之伤"，一个怨妇的形象跃然纸上。我推翻了这篇稿件，让通讯员围绕主人公工作经历中有标志性的成长事件重新进行补充采访。最终，通讯员写出了一位克服困难、工作认真负责、友爱协作的青年员工形象。

这世界上没有真正的感同身受，所以作者只能最大限度地去靠近采访对象的感受和思想，并从正面理解和解读主人公的经历。

人物通讯写的是企业员工的故事，每一个人的故事都值得珍视。作为企业新闻宣传工作者，我们用自己的力量去记录身边同事的成长历程、工作经验、人生感悟等生命体悟，在工作的同时“阅人无数”，写的是别人的故事，丰富的是自己的阅历与思想，何其快哉。

## 平凡的人 + 不平凡的事 = 人物通讯

人物通讯是企业新闻宣传工作中最常见、通讯员最常写的一类文体。

这类文体最常见的通病是写不出人物的特点。以我所在的施工企业为例，员工都在工地上，都经历过拆迁难的问题，都经历过台风暴雪等极端天气现象。把我们身边的平常人写好、写活，写出特点，是对通讯员采访能力、观察能力、理解能力和写作功力的考验。

一个大的施工项目，动辄有上百人，甚至几百人。能成为人物通讯主人公的，肯定是其中表现出色、大家认可、作者心有所动的人，那么文章应该表现主人公在哪些方面出色，大家为什么认可主人公，哪些方面让作者感动。

观察主人公的环境与言行是采访过程中不可缺少的一部分。到某项目采访时，我在看工地的过程中发现施工现场非常干净，文明施工标准到位。虽然现在文明施工标准高、要求严，但能做到这个程度还是不多见，这一定与项目经理的管理风格息息相关。果不其然，我在采访中了解到，这位项目经理工作作风务实严谨，对管理过程要求一丝不苟；对自己的要求更加严格，到工地检查时，安全帽、反光背心等配备齐全；有违反安全文明施工操作规定的，坚决要求整改。该项目被评为安全文明施工标杆单位。

从现场管理规范严谨的特点入手，反推项目经理的管理风格，再详细了解日常工作中能体现主人公管理风格的各类故事，一篇 4000 字的人物通讯一气呵成。

企业人物通讯的主人公除了少数先进模范人物，大部分和这位项目经理一样，是我们身边的“平常人”，我们要写的是他们做出的“不平常的事”，在这些“平常事”中体现出员工的优秀品质和敬业精神。

我们有一位通讯员写了一篇人物通讯，主人公是重点项目的生产副经理。作者的本意是想写这位副经理兢兢业业，日夜盯在现场，采取多种措施解决施工过程中出现的难题。但是文章仅在开头一段介绍了主人公，后面展开论述的是各种施工组织细节，而且看不出这些内容与主人公有什么关系。

写人物通讯，主线一定要围绕主人公的所作所为、所思所想来展开，如果以写工作为主，就写成了工作通讯。人物通讯要见人、见故事，工作通讯要见过程、见成绩。

用眼睛观察主人公工作的环境特点、待人接物的方式、处理工作的方法，用心采访主人公经历的不凡之事，最大限度地理解主人公做事的背景与意义，然后带着感情写作，才能写出有血有肉、有特点、有故事的人物通讯。

## 写通讯之前最好先列出提纲

同事从工地采访回来，要写工程施工通讯。因为由两个人合写，所以我建议他们先结合自己的采访内容分一下工，各自写自己采访详细的部分，最后由一个人统稿。统稿对文章的质量非常关键，因为关系到文章的理念、思想、表达方式和文风是否一致。

两位同事讨论内容分工的时候，实际上已经列出了通讯的提纲和重点。我相信他们会写出一篇逻辑结构清晰的好通讯。

无论是人物通讯，还是工作通讯，涉及的范围都比消息要繁杂得多，如果采访做得扎实，内容会很多，但不能把文章写成“大杂烩”，估计会有人像我一样犯“选择困难症”。这个时候列出提纲和重点内容可以帮助我们去粗取精，减少不必要的素材干扰。

如果实在不知道怎么列提纲，可以先按自己的思路写出文章，根据文章倒推出提纲，再用自己的提纲对照新闻事件和采访素材，看是否有遗漏之处。这同样是一个很好的学习过程。

# 需要给通讯员提供一份提纲吗

在工作中,我一直倡导在写通讯前先列提纲。列提纲的过程主要是思考,选取素材。如果有足够多的写作经验,在消息写作动笔之前,能够很快列出提纲:先思考主题,确定新闻结构方式,分段列出主要内容;再细分一下,还可以列出所要使用的素材。

有的通讯员希望能有一份提纲供参考。那么,可以给通讯员提供写作提纲吗?

我的工作经验是如果是初写者,可以给一份简单的提纲,仅供参考;对于那些写过新闻作品,想提高写作水平的通讯员,最好不要给提纲。

无论是通讯、消息,还是评论,新闻背后的事件都不同,写作内容也不相同。拿人物通讯来说,即使是同一年参加工作、做着同样工作的主人公,也会有不同的经历、不同的思想。因此,在写作中套用同一份提纲,是无法下笔的。

初写者拿到提纲后,要做的第一件事是结合所写的新闻事件"量体裁衣",看提纲是否适合新闻事件,如果适合,再看有哪些是可以借鉴的。就像学生考试一样,提纲相当于课文,新闻写作是自主命题作文,答多少分全看自己。

从积累写作经验来看,最好的办法、最长久的办法是自己动手写。从列提纲开始,到文章发表为止,每写一篇新闻就是一次螺旋式的提升。写得多了,文章自然会越写越好,量变一定会引起质变。

一种文体可以变化成另一种文体,正是文字和文体的无穷变化使各种写作长久不衰。这是文章的魅力,也是写作的乐趣。

# 开头要精彩而简练

来稿中有一篇通讯，题材非常好，但是开头比较拖沓，也有几处逻辑比较混乱。我把稿件发给作者修改，修改后的开头保留了作者想要的美感，直入主题，比原来的开头更精彩简练。整篇文章读起来也精神了很多。

原来的开头是这样的：

“重庆江习高速公路起于渝泸高速刁家附近，经李市、蔡家、中山、傅家、四面山，止于渝黔界东胜镇，是渝南地区新的对外出口通道，同时具有较强的旅游高速功能。重庆江习项目经理部设于蔡家镇石佛村，蔡家镇地处江津南部，距江津城区50公里，是通往国家重点风景名胜区——四面山的中心驿站。

“在这美丽的山城里有位‘山哥’，叫张山。张山本是一个皮肤白皙的小伙子，重庆持续高温，他一直‘烤’在现场，早已看不出他原本的肤色，他的脸已经变成了‘高粱色’。前期建场站及雨水较多导致施工工期紧张，时常让这位腼腆的小伙子露出严肃的神情。

“目前他担任重庆江习高速路面项目工程技术部主任，主要负责施工方案、施工计划及现场施工的控制等工作。”

修改后的开头是这样的：

“在重庆美丽的大山里有个身影，平凡而忙碌。

“他本是一个皮肤白皙的小伙子，在重庆经历了三年的‘烤验’，早已看不出他原本的肤色，变成了国际流行的‘小麦色’。面对前期建场站、雨水较多导致施工工期紧张的情况，这位腼腆的小伙子时常露出严肃的神情。

“他叫张山，现担任重庆江习高速路面项目工程技术部主任，主要负责施工方案、施工计划及现场施工的控制等工作。”

对比一下这两个开头，高下立见。

# 通讯中的人物对话要少而精

在来稿中见到通篇以人物对话为主的通讯时,我都会把稿子返回给作者,让作者进行修改。

无论是人物通讯,还是工作通讯,人物对话这种形式都简单易行、通俗易懂,使用得当可以反映出人物内心的情感,使人物形象更加饱满,深化主题,起到画龙点睛的作用;如果使用太多,通篇以人物对话为主,容易形成事实上的“口水文”,或者流水账,弱化主题,逻辑混乱。

虽然我们一再强调,新闻写作要事实清楚,通俗易懂,但是文章还是要有基本的修辞(修辞,本义就是修饰言论,也就是在使用语言的过程中,利用多种语言手段,以收到尽可能好的表达效果的一种语言活动)手法。无论是在人物通讯还是在工作通讯中,人物对话都要少而精,要作为一种修辞手法来使用。

既然是修辞手法,就有一定的使用技巧。带有晦涩难懂的专业术语、强烈的个人观点、思想代表性等显著特征的原话或者对话有助于完善文章结构,增加可读性和文章的层次感,可以起到画龙点睛的作用。

人物对话不仅可以用来讲述内容,还可以用作小标题。以《县委书记的榜样——焦裕禄》为例,八个小标题中,六个使用了焦裕禄的原话。我开始学习新闻写作时,特别注意参考名家新闻的写作方法。那时作为一个新入行的生手,我发现穆青使用主人公有代表性的话语作为小标题这种方法精彩又容易到位。这个方法我使用至今,并且教会了很多人。

新闻写作实践性较强,可以说是一种实用性写作,没有一定的写作基础入不了行。入了行之后,还要把它当作一项业务工作来研究。了解一些修辞手法,对提高写作水平会有很大的帮助。

## 好人好事后面都有长长的故事

我做企业新闻宣传工作多年，好人好事经常见诸报端、网站、微博、微信：“某企业员工勇救落水儿童”“某项目员工夺刀救人”“某项目抢通泥石流堵塞公路”……

一个人在危急时刻，临危不惧地救人于险境之中，这种舍己为人的事不是人人都可以做到的，能做到的人必有一种与常人不同的精神。

在现实中，精神与能力可能是不对等的。有的人平时默默无闻，关键时刻却能挺身而出；有的人平时惹人瞩目，危急时刻却不见踪影；有的人平时看上去朴素平常，在困难和问题面前却能表现得果敢顽强；有的人日常工作中能说会道，一遇到困难和问题时就成了甩手掌柜……

平时表现一般，危急时刻挺身而出代表的是人的正面性格。企业中出现救急救难的好人好事时，我们不能只看主人公平时的表现，而应该就事论事，大力宣传。如果这个故事被进一步挖掘，有可能成为企业文化中的代表故事。

临危不惧地救人于危难之中的好人好事背后，其实是一个人长期认真工作、真诚待人的故事，只是我们没有注意，没有挖掘到而已。

## 工作通讯没那么难写

有的通讯员把写工作通讯视为高难度的挑战，一听到领导安排写工作通讯就心生畏惧，写出来的文章像工作总结。

要写出一篇精彩流畅、可读性强的工作通讯，最重要的一点是使用好关键的方法——讲故事。

一提到讲故事，大多数通讯员就把它和人联系在一起，这是对故事的一种“误解”。故事，包括人和事，主体可以是“人”，也可以是“事”。讲故事不仅可以讲“人的付出与奉献”，还可以讲“事情发生的过程”，以“关于事情的故事”来表现企业的发展成绩，体现企业求变、求新、求发展的艰辛。

因为总有人来问我工作通讯怎么写，在大量阅读通讯的基础上，结合个人的采访写作经验，我总结了一条写作工作通讯的公式——“干了啥，干得咋样，怎么干的”。

工作通讯一定要围绕着某项工作来展开，这就是“干了啥”；这项工作取得了重大的进展，获得了某项荣誉等阶段性胜利，这就是“干得咋样”；第三步就围绕着阶段性胜利搜集素材，也就是“怎么干的”。每一次成功都有理由，每一次失败都有原因，顺着成绩倒推回去，看看主人公采取了哪些先进的管理措施和技术，过程中有哪些人做了突出贡献，有哪些重大改革和创新，等等。

以某企业被评为“全国文明单位”为例。“干了啥”——企业精神文明建设取得重要成果；“干得咋样”——被评为“全国文明单位”；“怎么干的”——大力倡导社会主义核心价值观，弘扬中华传统优秀文化，创建道德讲堂，加强职业道德教育和家庭美德教育，践行社会责任，等等。围绕每个小主题展开讲述，根据素材，故事可长可短，可叙述可抒情，可简写可详述。一篇有血有肉的工作通讯在自己笔下诞生时，心中的成就感油然而生。

## 既要捡“大砖头”，也要有砌墙的“砂浆”

这个标题暴露了我的专业背景，我是一名实实在在的工科女。参加工作后，随着环境的变化，我被动地而且是不情愿地一步一步走上了新闻宣传岗位。为了提高对新闻的理解能力和写作水平，我自学了新闻学本科专业，并在工作中不断摸索和总结，最终走到了新闻中心主任这个岗位。

“怎样写好通讯”是通讯员经常问的问题之一。通讯是我写得最多的一种文体。我在写作过程中总结出的经验是：要写好通讯，细节比大块头的“砖头”更重要。

通讯按写作对象可分为四类，即人物通讯、事件通讯、工作通讯、风貌通讯；按形式可分为一般记事通讯、专访、巡礼、纪实、纪略、见闻、特写、速写、侧记、散记、采访札记。在这个大类中,见诸媒体的主要是记事通讯、专访、小故事、巡礼、纪实、见闻、特写、侧记。

在以上多种形式的文体中,无论哪一类都离不开故事,故事也叫“案例”。以我读了多遍的《县委书记的榜样——焦裕禄》为例,“查风口,探流沙,冒雪为困难群众送粮”是大的故事框架,也就是“砖头”,而感动我们的是“为了查风口、探流沙,在截腰深的水里吃干粮,蹲在泥泞里休息,用一支钢笔硬顶着肝部”等细节,也就是“砂浆”。

再以我本人所在的企业为例,管理和施工过程中采取的各种有效的管理措施和创新技术等是“砖头”,过程中克服的困难和大家付出的努力与心血等小细节是“砂浆”。

只有砖头没有砂浆是砌不成墙的,只有框架没有细节是写不出文章的。很多通讯写得干巴巴的,看起来像一篇文章的提纲,原因就是只有“砖头”,没有“砂浆”。

## 每个项目应该至少出一篇通讯

“今天的新闻就是明天的历史。”把新闻放在企业发展过程中来看,每一篇都是可供查询的历史资料。

有一家单位的老领导到了退休的年龄,想整理一下职业生涯中的文字和图片资料,其秘书与其初入职时的工作单位联系后,该单位的领导给予高度重视,召集有关人员收集信息并安排宣传部门总结整理。

时间已经过去了三十多年,在当时的历史背景下,企业可追溯的资料从形式到内容都非常有限。当年企业主要的宣传媒体只有报纸和项目简报两种形式。这位老领导在原单位工作期间,曾经负责过几个重大项目,但是翻遍当年的报纸和企业档案,除了项目简介和开工、竣工的消息,没有其他文字资料。开工、竣工的消息也非常简单,寥寥数语,勉强可以算一篇简讯。就连后面编纂的企业年鉴,也只介绍了项目的技术标准和实施时间,找不到详细的介绍资料。

经了解，这位老领导担任项目负责人时不重视新闻宣传工作和过程资料的整理，无论是对个人还是对企业，都留下了很大的遗憾。

而另一位同样升迁到重要职位的领导，在退休时整理出了丰富的文字和图片资料。所实施的每一个项目都有多篇报道，在报纸上可以找到工作通讯和人物通讯，在简报上可以查询到详细的实施过程和总结材料。

企业新闻宣传可以建立这样一个优良传统：无论大小，每个项目都应该至少出一篇通讯，把实施过程中克服的困难、取得的成绩和感人的故事记录下来，作为记录企业历史的宝贵资料。

## 人物通讯就是讲个故事来听

我把中国水利水电第七工程局有限公司新闻中心主任张占国写的人物通讯《杨志立志记》发到新闻宣传群里，让大家当作人物通讯学习材料。

《杨志立志记》讲述的是主人公杨志在经历待岗后发奋学习考下多个资格证书，个人职业能力获得成长的故事。文章用若干个具体案例为我们描绘了一个认真学习、勤奋上进的阳光青年形象。读了以后，我们对主人公的敬佩之情油然而生。

人物通讯，其实就是把主人公所经历的精彩故事讲出来给大家听。

每个人都有自己独特的经历，尤其是那些做出了成绩的人，背后都有一段艰苦奋斗的过程。有的人勤于做事，有的人善于动脑；有的人纵横捭阖，有的人兢兢业业。我们要发掘每个人的特点，找出写作对象身上打动人心的特质，用故事讲出主人公的精神世界。

从事企业新闻宣传工作的同人们肯定读过多篇人物报道，如《县委书记的榜样——焦裕禄》。报告文学也好，人物通讯也好，我个人总结的经验是：写人物，文风越朴实越好，语言越朴素越好，不要让华丽的语言遮盖了主人公的风采。

人物通讯容易写得空洞。用大量的形容词描绘人物如何勤奋，如何敬业，使人看起来模糊不清，不够立体。再华丽的词语也比不上一个短故事的可读性强。

无论是消息、通讯，还是散文、小说等文学作品，文采都只是其中的一个方面，吸引人们的是文章的意境和所传达的信息。

每次写人物通讯，都是一个思考、学习的过程：如何写出一个人的特点？文章结构如何布局？素材如何使用？确定主题和提纲后，再把采访内容细看一遍，文章就在脑子里基本成形了。

在采访和写作过程中，每个采访对象都会带给我们不一样的感受。杨志这篇文章，就让我们看到了一个亲身实践“学习提高自己，学习改变命运”的青年形象。

## 一线新闻，从早晨的食堂开始

做新闻宣传工作，要牢记“一线是新闻的富矿”这句话，这是一句必须要深刻解读的话。这句话里包含了“如何寻找新闻线索”“新闻宣传关注的重点”“新闻写作的要点”等工作方法和含义。

初入新闻工作这一行时，最头疼的事情是如何寻找新闻线索，而寻找新闻线索最简单的方法就是到一线去。一线的工作时刻在变化中，变化的事物最容易发现新闻事件。到某项目采访时，我发现这个工地的食堂非常有特色，采取了酒店自助餐模式，餐具和取饭方式都和酒店相同，和原来“用大盆装菜装饭”相比，提升了用餐的观感、体验，职工也更讲究用餐礼仪，这说明“环境是可以改变人的”。以此为题材创作的消息、通讯和微信公众号文章发出后，在企业内外都引起了强烈的反响，甚至改变了新建项目的食堂建设理念。

从事新闻工作时间长了，对新闻的敏感度会降低，甚至对一般的工作动态还会“免疫”。这个时候，我们要重新回到一线去，用自己积累的采访和写作经验对一线发生的新鲜事件进行深入解读。培训是一线最常见的管理工作之一，大多采取“一人台上讲，多人下面听”的传统模式。到某项目采访时，我发现项目采取了“同一个技术方案，多人从不同方面进行讲解并讨论”的培训模式。以该内容为题材写作的一线特写发表后，多个项目经理向该项目管理人员咨询详细的培训方式并在项目上实行，充分发挥了新闻宣传在提高企业管理水平方面的影响力。

新闻的定义多种多样，从实践层面来看，“新闻就是对新近发生的有特点的事情的报道”，这个定义比较容易被企业兼职通讯员接受和理解。无论是“新近发生的”事件，还是“有特点的”人物，都需要从业者走到离新闻最近的地方去发现。而一线，无疑就是一个发现新闻最好的地方。

# 第三章 采访有经验

新闻界有句行话叫"七分采访，三分写作"，这也是经过很多专业人士检验过的正确的工作方法。

# 每一次采访都是一个提高自己的机会

我去深圳项目采访时,看到以前的"农民工培训课堂"变成了"产业工人培训课堂"。这不仅仅是一个名称的变化,更是一场理念的变革,是对以人为本的观念的深化,是对在一线工地辛苦劳作的产业工人的尊重。

深圳被称为"中国改革开放的前沿阵地",我们每次来这里都是同一个任务——工地采访。同样是工地,深圳的工地却总能给我们耳目一新的感觉,给我们的大脑以强烈的冲击。无论是环保措施,还是安全文明施工,深圳都与其他城市有着天壤之别。在祖国广袤的大地上,越往北,安全文明施工和环保措施做得越差,当然北京除外。

第一次到深圳采访时,我听说移一棵树都要登记造册,施工完毕还要把树移回原地。开始我以为只有珍稀树种和大树才这样处理。看到一棵栽在花盆里的龟背竹都记录在册时,我彻底服了。这才是真正的环保施工。

时隔六年,再到深圳,同样的工地,却让我很震惊。住建部关于环保施工的"六个百分百",在深圳变成了"七个百分百",多了一项"百分之百在建工地百分百落实"。有同事说这一条多余,绝对不是,这一条表明环保措施"没有商量的余地",告诉大家:必须落实到位。

新闻宣传工作就是这样,总能带给你新鲜的事物和感受,每走一个工地,都能收获一些不同以往的知识。每一次采访都是一次新的出发,都是一次提高自己的机会。到深圳这样的工地采访,甚至可以说是一次安全文明施工培训。

一些管理一般的小工地,同样能带给我们新的知识和新的思考。每一个工地都有自己的特点、难点和亮点,因为不同的地域具有不同的特殊性。把这些特点、难点和亮点写出来,就成了"企业故事"。

如果有机会从事新闻宣传工作,无论兼职还是专职,都应该珍惜这个岗位。这是一个大的平台,可以把我们带到企业发展的最前沿,也可以让我们看到企业发展的最远处;可以让我们看到企业发展的动人之处,也可以让我们了解到那些在一线拼命工作的同事的感人故事。

现在就出发吧!企业故事在等着我们。

# 有高质量的采访才会有高质量的稿件

采访也存在质量管理问题,有了高质量的采访才会有高质量的稿件。

无论是大的新闻事件,还是小的新闻事件,有的通讯员都觉得没什么内容可写,写出来的新闻蜻蜓点水,浮在表面上。主要原因是采访不扎实,使稿件成为"次品"。

和写作主题相关的每一个人都可以作为采访对象,根据与事件的相关性可以列出"重点采访对象"和"次要采访对象"。为了保证采访内容的准确性和代表性,我们也可以随机采访若干人。

以项目上最常见的安全月活动为例,项目全体员工都与安全管理息息相关,都可以作为采访对象。项目领导班子和安全管理人员肯定是重点采访对象,一线技术人员和司机是次要采访对象,其他人员可以作为随机采访对象。

多做采访,随时可能会有惊喜发生。在随机采访对象身上,可能会采访到出彩的内容:办公室员工天天和项目部员工打交道,对安全管理可能会有不同于专职安全工作人员的观点与看法;财务管理人员可能会对安全管理成本提出良好的建议。

采访者本身是一个独立的个体,对事物的感受也有一定的代表性,因此采访者自身也是重要的采访对象。再伟大的记者,采访都要从自己的基本认知开始。提纲必须自己列,采访必须自己做,文章必须自己写,因此,采访之前先要梳理自己对事件的看法与观点,梳理出思路,在有限的时间内做高质量的采访。

采访,并不仅仅是两个人坐下来,一对一地你问我答。几个人同时聊一聊,可能会促进大脑对事件的记忆和理解,迸发出更多更新的火花。

要写出高质量的新闻作品,首先要做实采访,不要走马观花,而要顺藤摸瓜。了解到一条好的新闻线索后,要做有深度的、多维度的采访,力争让一条好的新闻线索结出一个质量等级为优的"大瓜"。

## 扎实采访是写好新闻的前提条件

新闻界有句行话叫“七分采访，三分写作”，这是经过很多人检验过的工作方法。

我和通讯员一起到工地上采访，中午集合时看到几位通讯员坐在会议室里聊天。我问他们，采访结束了吗？通讯员回答，结束了。我估算了一下时间——一个半小时左右。因为我对这批通讯员不熟悉，想了想就没多说什么，要是我们部门的年轻同事，一顿“狠批”是跑不了的。

面对陌生的项目、陌生的人，事前没有任何准备，在一个半小时的采访时间里能了解到什么内容？稿子的质量就更不敢抱有期待了。

我每次到工地上基本上是日夜开工：白天采访，晚上要么采访，要么整理一下当天的采访内容，再想一下还需要补充哪些素材。在深圳地铁项目采访时，因为项目大，员工多，有些关键岗位的同事白天没有时间，我们就利用晚上的时间采访，有时晚上十点半以后才能见到被采访人。三天时间内，我基本上每天晚上都要采访到11点左右。

我做了十几年企业新闻宣传工作，采访时间越来越长。如果采访得不扎实，我不敢下笔写稿子。

采访是树根，写作是树干，报道效果是树上的果子。能不能结出果子不是看树干，而是看树根。扎不下根的树长不高，没有扎实的采访写不出好稿子。

## 怎样才能采访到丰富的内容

《凯塔，那些应该记录在企业档案中的故事》发到网站上后，办公室的年轻同事问了一个很好的问题：“他是怎么了解到这么多内容的？”

工地上的人很多，采访哪些人才能了解到干货和鲜货呢？提供以下四个步骤供参考。

第一步，先和被采访单位的领导就采访内容进行沟通，采访领导的同时征求采访建议。

第二步,在领导提供的人员名单中找出一位工作时间比较长的人,采访的同时了解哪些人在该单位(该项目)工作时间相对比较长。

第三步,在工作时间相对较长的人中,找出积极参与管理工作的人,再在这部分人中找出几位"能说会道"的人进行详细的采访。

第四步,就采访内容和领导进行沟通,请领导对采访人物和采访内容进行补充。

没有一成不变的工作方法。以上四步只是最基本的工作流程,在采访过程中还要根据实际情况灵活调整。

下面讲一个采访故事。

有一年,我去南水北调工地采访,去之前,有几位自以为了解项目经理的人说:"你得做好心理准备,某经理不爱说话,你可能采访不到什么东西。"

带着这种印象到了工地之后,我先采访了几位工地技术员。采访的时候,某经理一直安静地坐在边上,技术员说得不到位的地方,经理主动纠正补充。我发现,这位经理不是"不爱说话",只是不说多余的话。我多问问题,让他来回答,交流比较到位。

第二天,我采访某经理的时候,他讲了很多精彩的故事,也发了一些感慨,讲述准确到位,语言犀利、幽默,完全是一位真诚务实的好项目经理。

所以,没有做不好的采访,只有不会做的通讯员。

我把采访分为"竹筒倒豆子""填空式""多项选择"三种形式。遇到像我这样特别爱说话的人,只要说明采访目的就可以收集到丰富的信息;对于语言简练的人,采取一问一答的"填空式";对于不爱说话,问一个问题只回答几个字的人,就多问几个问题,一个问题用多种方式问,多交流、沟通几遍,也会得到想要的内容。

# 遇到性格内向的采访对象怎么办

人的性格千差万别，遇到性格外向、侃侃而谈的人，采访容易做；遇到性格内向、寡言少语的人，怎么做采访？作为一名采访过近千位不同人物的企业新闻宣传工作者，我建议采访从以下几个方面着手。

一是从外围入手，采访熟悉写作对象的同事和领导。多采访几位，多提开放式问题。例如："他身上最突出的特点是什么？""他在工作中有哪些令人难忘或者令人感动的故事？"这些问题选择范围广，回答难度小，比较容易切入。

二是向写作对象提具体的问题。有了事前的准备和外围采访收集到的素材，对写作对象有了一定的了解后，要准备具体的问题，越具体的工作内容越容易回答。例如："听说您曾经在现场连续工作过 48 个小时，请问主要做了哪些工作？""面对塌方，你第一时间想到的是什么？抢险过程中，您在现场总计工作了多长时间？"在这些问题的回答过程中，要注意和写作对象的互动，及时补充问题，争取了解更多的内容。

三是提自己感兴趣的问题。不是每一个写作对象都可以找到外围采访对象，与性格内向的写作对象对接的时候，如果实在引不出对方的谈话欲望，可以提自己感兴趣的问题。我曾经写过一位在深山里工作了 12 年的员工，对方不善言谈，我换了几个角度提问，他的回答都是"就那样啊"，难以深入交谈。后来，我改变采访方向，问了一个自己心中最大的疑问："12 年中，您有没有想过换个项目工作？"他回答"有"，于是我马上跟着提问："当时您有没有向领导提出来，领导是怎么答复的？"没想到这个问题打开了对方的话匣子。从当初他想离开找领导，领导如何做思想工作，到个人的感想，以及后来在项目工作中个人思想上和技术上的成长，等等，他娓娓道来。这些内容不仅契合了采访主题，还提升了主题境界。

在后续的写作中，还可以结合写作对象工作单位的特点和成绩进行讲述，但是不能讲太多，以免跑题。

采访对象的性格不是决定采访、写作成功与否的关键因素，写作者是否动脑筋力争采访到足够的素材才是。采访次数多了，你会发现，和性格内向的采访对象打交道，工作效率比较高，因为对方紧紧扣住问题进行回答，内容简练，每一句都是实实在在的“干货”。

## 最好的写作是一气呵成的，采访也一样

一气呵成是最好的写作方法，采访也一样。

写作重点在哪里，采访重点就应在哪里。采访之前，搜集资料，列出提纲，采访过程中根据采集到的内容做二次调整，整个过程都要围绕着采访主题进行。

没有主题，没有提纲，想起什么问什么的“大水漫灌”似的随机采访，不仅会拉长采访时间，降低工作效率，对写作也没有任何益处。没有主题的采访，写出来的稿子也不会有主题。

在工作过程中，经常会遇到“看完感觉头晕”的稿子，不知道作者要讲什么；有时候还会遇到“字也对，词也对，但是字和词结合起来就不对”的稿件。这不仅仅是写作功底的问题，采访没有做扎实也是原因之一。写作功底差一些，但是采访做扎实了，文章中也会见到故事、数字、过程、人物等事实内容，还有修改的余地。“七分采访，三分写作”是有深刻道理的。

因为企业具有封闭性，采访可以随时随地地进行，所以通讯员不重视采访准备工作。通讯员在采访过程中要及时捕捉要点和新鲜内容，写的过程中有不明白的地方或者遗漏的内容，还要再进行补充采访。

采访和写作一样，一气呵成才能保持思路完整、文风统一，断断续续地采访导致的结果是新闻读起来不流畅。

## 看、感、听、思均是采访形式

有的通讯员到工地采访，坐在办公室问了几个问题后，就不知道怎么把采访进行下去了。

从方法来说，采访可以分为直接采访和间接采访两种形式。直接采访是面对面地提问、回答。间接采访形式较多，可以是实地察看，也可以是浏览相关资料，还可以是面对变化的事物进行思考和总结，等等。认为采访只是问几个问题，这是对采访的严重误解。

通过各种形式采访到的内容，最终形成新闻稿件的素材，都需要经过作者大脑的筛选和过滤。从结果来看，看、感、思不仅是采访的形式之一，而且是比问、听更重要的采访形式，或者说问和听是看、感、思的延伸。

没有观察和思考，就没有深入、准确的采访。通过观察采访对象的工作状态、与人打交道的方式、对过程和结果的态度等了解到的信息，比面对面交谈采访到的信息更有说服力。

最好的新闻在现场，最好的采访也在现场。所以，走到现场去看、感、听、思，做一次感官集合的采访，一定会有精彩的发现。

## 一线项目采访、感悟记录

到企业所属哈尔滨地铁项目拍摄专题片时，由于拍摄内容较多，我们来不及采访。7 月 24 日下午在人民广场站勘景时，听说晚上要浇筑混凝土，我吃完晚饭后就和其他人到工地看一看，遇到工地负责人辛志高。现场交流时，我顺手用笔记下了自己的感受和辛志高介绍的内容，形成此文，未改动一字。

以前我们说一线是新闻的富矿，在人人都是自媒体的时代，一线蕴含着更多待挖掘的精彩内容。

每一次去工地都是一次精神的洗礼，这毫不夸张，是我内心的真实感受。那些晒得黑黝黝、天天乐呵呵的年轻人，每一位都是母亲的“宝贝”，都是父亲深深牵挂的爱子。记录他们的工作和生活,是企业新闻宣传工作的职责。

随着社会理念的进步,企业新闻宣传不应该再单纯地定义为“好人好事”的宣传,应该是一种工作记录。把工作中那些精彩的点记录下来,是我们的职责,也是我们的荣耀。

**附:《夜晚十点的人民广场站》**

北京时间21时至23时,在中国古代的十二时辰中,称作亥时,又名人定、定昏等。意思是此时夜色已深,人们应该停止活动,准备休息了。

7月24日21:50分,时间已到亥时,哈尔滨地铁2号线人民广场站仍处于紧张忙碌的施工状态。导墙破除时发出的高亢剧烈的“咚咚”声,混凝土泵车细长曲折的“嗡儿嗡儿”声,在寂静的夜色中单调地重复着。

当南方大地酷热难耐时,夜晚的哈尔滨已凉意袭人。室外的温度计显示18℃,实际上人的体感温度更低一些。穿着夏季的衣服站在距离松花江100多米的人民广场站北侧施工区,有些瑟瑟抖颤。此时,项目副总工兼人民广场站北侧站点负责人辛志高,就穿着短袖衬衫站在与基坑相距10多米的黑暗中,仔细察看着基坑中的施工情况。那里亮如白昼,钢筋上的螺纹可以看得清清楚楚。

位于哈尔滨市交通主干道友谊路的人民广场站北侧施工区正在进行临时盖板混凝土浇筑;现场四十多位劳务工正在进行钢筋加工、混凝土浇筑和冠梁破除等工作;2017年刚刚参加工作的大学生卢安琥,穿着崭新的橘黄色长袖工作服在现场忙碌着。

水电十三局在哈尔滨地铁2号线承建的两个标段中,共有5个车站,均处于闹市繁华区。全长304米的人民广场站是其中最大的车站,也是开工以来累计完成工作量最多的车站。

由于工作面多,施工内容复杂,项目部将人民广场站分为南、北两个施工区。辛志高是北侧工区负责人,南侧由经理助理郭仁波负责。整个人民广场站包括项目副经理崔治峰在内共有9名管理人员,北侧施工区只有3人。辛志高全天盯着现场,早晨6点半到工地,要工作到晚上10点或者更晚,在短暂的睡觉时间内还要开着手机。其他两位年轻的技术人员杨天宇、卢安琥日夜倒班。

当晚的临时盖板混凝土浇筑从晚上8点50分开始,350方混凝土预计要浇筑8个小时。临时盖板在不中断交通的情况下进行盖挖施工,施工难度很大。南侧施工区30米宽的临时盖板施工完成后,开始进行北侧施工。辛志高说:“从上往下一层一层地挖,一层一层地做混凝土支撑,一共要挖30米深,每层6.5米到7.2米不等。格构柱、系梁、支撑梁等各种支撑体系密集,材料运输、倒运和混凝土浇筑都在盖板下狭窄的施工空间内进行。”

我与辛志高站在北侧场地的黑暗中交谈时,南侧施工区60米高的塔吊上,“水电十三局”五个LED灯光大字以一种突然的方式闯入眼中,引起一阵惊喜。单个字达2.25平方米的5个字组合成一种信念,静静地映照着北国冰城哈尔滨黑暗的天空。此时,人民广场站南侧正在进行第五、第六段负一层侧墙混凝土浇筑和第七段第三层混凝土支撑拆除。

哈尔滨是中国最北端的省会城市,每年的施工期只有8个月。为了保证施工进度,夜晚对于项目部来说,是另一种形式的白天。在人民广场站紧张施工的同时,南直路站正在紧张地准备“开拓者2号”盾构始发。其他施工点,都有各自在当夜必须完成的施工内容与计划。

待在工地,是施工企业的常态工作方式和生活方式,是刚参加工作的大学生新员工成长经历中不可缺少的一部分。在这里,可以感受到施工企业发展最强劲的脉搏,可以感受到同事之间最真挚的情谊。作为一名施工企业员工,我发自内心地热爱工地,热爱工地上的每个人。

**通讯员的评价:**

小韦:巨老师这篇文章文风真的值得学习,有时候好的文章不需要华丽的语言去堆砌,只要尽可能地还原最真实的场面,用最朴实的语言描写出来,就能够感动人。

小白:信手拈来得佳作,凝聚芳露香满群。地铁施工排万难,工友情深六月天。

## 接受采访可以习得一种重要能力——准确地表达自己

不知道大家在平时的采访中有没有这样的感觉:同样一件事情,有的人能描述出来,有的人不能描述出来;有的人能讲得十分精彩,有的人却讲得平淡无奇。这实际上是表达能力的区别。

在我们的日常工作中隐藏着很多故事,有变化的地方就有新闻。很多事情,我们会习惯性地去做,却说不出来。从做到说,有一段很长的距离要走,这段距离就叫作准确地表达自己。

新闻宣传工作是让我们学习准确地表达自己的途径之一,用好了,还可能是最佳途径。

在二十多年的采访中,我亲眼看到很多做事能力强、表达能力弱的人,在一次又一次的被采访中强化了对做事过程的描述能力,提高了语言表达能力。

多与周围的同事交流,不要拒绝采访,才能不断提高准确地表达自己的能力,这也是新闻宣传工作的作用之一。

## 新闻情感从哪里来

有情感的新闻才会打动人,没有情感的新闻只是一堆字符。好的文章可以调动读者的情感,可以让读者激动,让读者流泪,让读者厌恶,让读者痛恨,等等。对文章来说,作者的情感模式甚至决定了读者情感的走向。《县委书记的榜样——焦裕禄》就是一部饱含着浓烈情感的新闻作品。

那么,新闻作品的情感从哪里来?来自作者对生活的一片赤子之心、内心深处的善良、对写作对象的浓厚兴趣和对工作的热爱之情。

我们留意一下便会发现,喜欢读、能留下印象的新闻都是能够打动我们的,能够让我们有所感、有所思、有所敬的文章。

如果读者想体验新闻作品的情感,我推荐作家蒋巍的一篇报告文学《那一刻，钢铁为什么热泪横流》。第一次读这篇反映首钢改革发展的报告文学时，我的心是颤抖的。后来我每次读，内心都会有不同的情感反应，有时是激动，有时是钦佩，有时是惋惜。无论哪种情感，都会让我们听到一面钟在历史滚滚向前的洪流中鸣响，告诉我们："一个国家的动力，在于它的灵魂所向。"

## 采访要多了解事件过程，掌握细节

细节是新闻采访和写作的关键点。

20多年前刚开始从事新闻宣传工作时，在一次培训课上，一位老记者说，《县委书记的榜样——焦裕禄》是学习写报告文学和人物通讯的必读作品。那时网络还没有现在这么发达，我到图书馆查了很久，还真借到了一本《穆青文集》。

虽然以前看过电影，但是第一次完整读完报告文学《县委书记的榜样——焦裕禄》以后，脑子里记住的都是"大雪纷飞的火车站""吃别人嚼过的馍没味道""用一支钢笔硬顶着肝部"等故事细节，能够感动我们的也正是这些细节。

我们可以留心一下，在优秀的通讯作品中，可以看到大量生动的细节。我收藏的报告文学范本中还有一篇文章百读不厌——《那一刻，钢铁为什么热泪横流》。全文由若干个小故事组成，我们撷取其中的一段作为参考：

驶过东大门南侧的第二炼钢厂——哦，两年前的一天，当火花四溅的炽红铁水瀑布般倾泻进巨大转炉时，站在高高平台上的我仿佛被灼热气浪瞬间烤干了。这是20世纪80年代，首钢人以废钢价格从比利时王国买进的一个完整的现代化钢厂，包括整套技术。此事也曾引起国内的诸多怀疑和批评，而比利时媒体却哀叹："中国人把我们的上装和领带买走了！"数百吨重的巨大转炉从天津港运往北京时，当时需要扩路、架桥、砍树、拆房，以至于时任副总理的李鹏不得不亲自出面协调各方。首钢的现代化水平由此一步跨越了20年！

短短200多个字，为我们讲述了建立一个现代化钢厂的艰难过程，展示了那个时代钢铁工人的勇气；短短200多个字，需要辗转采访多人；短短200多个字，需要文字精练再精练。

在新闻作品中，细节如同珍珠项链上的一颗颗珠子，没有细节，它就只是一根绳子，不是一条有价值的项链。

没有故事，写不出一篇好的通讯；没有细节，写不出好的故事。在采访过程中，一定要蹲下身子，扎实做好采访，多了解事件的发生过程，多掌握故事的细节，才能写出一篇篇有价值的好文章，为企业留下宝贵的历史资料。

## 采访经验多多益善

讲授采访方法和技巧的书籍和文章有很多。我想给的建议是：要想提高新闻写作水平，必须在工作中不断总结适合自己的采访方法与技巧等工作经验。

传统的采访主要包括面对面采访、电话采访、书面采访、体验式采访、观察式采访以及单独采访和集体采访等方式，随着网络的日益发达，用微信、QQ 等即时通信工具进行视频采访、语音采访、文字采访等网络采访方式越来越多。

无论有多少种采访方式方法，适合自己的才是最好的。寻找适合自己的方法，只有一条路，就是在工作中体验、思考、总结。

采访是一种双向或多向的活动，采访者本人的经验决定着这项活动的质量和高度。因此，总结采访经验对新闻宣传工作者来说，是排在提高写作水平之后的第二项重要的工作内容。

采访是一种眼、耳、身、心、意的活动，再现代化的工具也代替不了现场的冲击感对大脑的刺激。看到是最好的观察，听到是看到的补充，想到是看和听的结果。因此，能亲身到达现场采访是最佳的采访方式，也是新闻宣传工作者的第一选择。

但是现实中有各种各样的限制：出差要报批，采访对象可能不愿意接受采访，领导不同意或者只愿意报道同一个事件的某一个方面，等等。我们不可能为了一个项目动态跨越千山万水，但是想做一名负责任的新闻宣传工作者，就必须要了解清楚事件的发生发展过程和结果。因此，在不能到达现场的前提下，我们要运用多种工具和现场人员做深入的沟通，把能想到的细节都采访到。在这种远距离的采访中，工作经验更加重要。

如果说新闻写作是一场终生的旅行，采访就是路上的风景。从开始的疏淡风情，两眼迷茫，到后来的浓墨重彩，天高云阔，愿大家都能在这场旅行中收获美丽的风景。

# 第四章 实战有功力

新闻是一种多文体写作。同样一个新闻事件，可以写消息，可以写通讯，可以写侧记，可以写述评……要看新闻事件与哪一类文体更契合。这中间应该有一个思考和选择的过程，不能把所有的新闻事件都写成消息，也不是所有的新闻事件都适合“消息”这个大众最熟知的文体。

## 5个"W"和1个"H",是最基本的也是最难做到的

五个"W"和一个"H",即who,what,when,where,why和how。这是最基本的常识,也是我们通讯员难以做到的。我经常在来稿中发现要么没有地点(where),要么没有事件本身(what),为什么(why)和怎么样(how)更是稀客,只有时间(when)和人物主体(who)能保证在消息中出现。

企业通讯员绝大多数都没有新闻专业背景,对新闻的基础知识了解比较少,但是我们可以通过学习提高自己的写作能力和水平。大家可以方便地在网上找到各类适合自己学习的资料。一些专业知识网站,如360doc图书馆有很多专业文章,中国人民大学新闻系也开设有公开课。如果有兴趣,大家可以每天抽出十几分钟或者更长时间来学习。

## 挤干水分,写出"干货"

"干货"原指晒干、风干、烘干的果品或者海产品等,后来有人用它来形容"没有水分、实用性强"的知识传授文章。因为接受起来简单易行,这个形容获得了大家的认可,在网上流行开来。

微信文章流行"干货"类标题,由此联想到新闻就应该是"干货"写作,有信息则长,无信息则短,不在新闻稿件中掺杂无关的描述、无关的人物等内容,使新闻读起来思路清晰,内容简洁,让受众掌握主要信息。

例如,一篇关于安全月活动的消息,开头第一段讲安全月活动的重要意义,一系列"为了什么""因此怎样";第二段讲领导如何重视安全月活动;第三段才写了开展了什么活动。这种"三段式"结构适合写领导讲话和总结,不是新闻的写法。这类新闻最适合的结构是开门见山,直奔主题,直接写开展了哪些活动,要达到或取得哪些效果就可以了。

消息写作主要有倒金字塔结构、时间顺序式结构、悬念式结构、并列式结构。企业通讯员最常用的是倒金字塔结构和并列式结构两种,也是最简单易行

的两种，另外，写这两种结构的消息需要一定的新闻理论和写作基础。

通讯类型有多种，和消息写作的区别是“有故事”，这个“故事”也是与通讯主题紧密相关的“故事”，所有的故事都要围绕着同一个主题展开。长的通讯分为多个小标题后，每一个小标题里的故事也需要为总主题服务。

初学新闻写作的人容易犯的通病是“求全”，无论是消息，还是通讯，总以为写得“长”才是写得“好”。把采访和了解到的所有信息统统写上去，看上去内容丰富，实际上杂乱无章，写作的主线也会在拉拉杂杂的讲述中丢失。

学会挤出新闻里的水分，与主题无关的内容少写或者不写，以语言简练、主题突出、逻辑严密、行文流畅为新闻写作目标，才能写出“干货”。

## 在日常工作变化中发现新闻

新闻从来不是独立存在的，包括新闻评论。它依托事件而存在，是事件的记录和反映。

每一篇新闻稿件都有一个新闻事件来做依托，这不是蛋生鸡还是鸡生蛋的死循环，而是第一和第二的顺序关系。没有新闻事件，新闻就成了无源之水、无本之木。发现新闻，就是发现可以写出新闻作品的新闻事件。从某个层面来说，新闻事件决定了新闻的质量与影响力。我们说“要培养新闻敏感性”，指的是善于从日常工作事件中发现新闻点的敏感性，善于在管理变化中发现新闻素材的敏感性。

好事件、大事件当然可以写出好的、有影响力的新闻，但是好事件、大事件稀少且偶然，不一定人人都能碰得上，即使有一天确实发生了贴“大红花”一样的大新闻、好新闻，领导首先派出去的肯定是有新闻写作经验的老手，而不是初入行或者没有写出过有影响力作品的“小白”。新手或者写作功底较浅的从业人员，要留意企业生产经营中的新动向、新变化，着力培养自己善于发现新闻点的能力。

新闻作品与事件之间不是绝对对等的关系，不是只有大事件才能写出大新闻，小事件只能写出小新闻。在企业改革发展中，一个小的动向，如职能部门职责调整、项目管理方式变化,也可能会在管理方面引起大的变化。

举一个从管理变化中发现新闻的案例。某次周例会上,集团办主任通告,为了加快公文流转,在公文流转系统中增设了限时推送功能,超过办理期限,公文就会自动收回,视为同意进入下一个办理环节。我立刻意识到这是一个提高管理效率、加快公文流转的举措。会后,我积极和集团办主任协商沟通。集团办主任非常支持,并在写作过程中给予大力协助。我还在新闻中增加了"全面实现移动办公"等信息化建设内容。

只有善于观察、善于思考、善于总结的新闻工作者,才会成为一名优秀的新闻宣传工作者。

## 新闻写作是实战性工作,经验比理论更重要

我们都知道,写作必须在实战中总结经验,纸上谈兵是写不出好文章的。新闻写作又是所有写作中最需要"实战经验"的一类,因为除了文笔,还需要采访能力、能在事实中抓出新闻点的敏锐发现力、提炼概括能力等多项能力的配合。因此,要想做好新闻宣传工作,必须多写,多编,多策划,多开脑洞,多起标题,多尝试各种新鲜事物,总之,多多益善。

大学有新闻专业,企业有新闻写作培训班,消息写作方法、标题制作方法、文章编辑方法……倒金字塔结构、金字塔结构、时间顺序式结构、散文式结构……现在网络非常发达,大学里能学到的理论知识网上都可以学习,而且比在大学里学习更方便、更实用,可以边学习理论边进行实践操作练习。

例如,企业一年中的大事之一——工作会暨年度职代会,可以用倒金字塔结构写消息,用金字塔结构写代表访谈,用时间顺序式结构写侧记,用散文式结构写花絮。在写作中有意识地多练习几种结构,很快就可以掌握新闻的基本写作方法。在此基础上,再进行提高就容易多了。

总而言之,还是那句老话:实践才能出真知。新闻写作理论也只有和实践结合起来,才有意义,否则就是纸上谈兵。很多院校都开设了新闻专业,新闻专业和中文专业的大学毕业生加起来,应该是一个很可观的数字,那为什么现在

有名气的记者很难出现呢？我想是理论和实践结合这一关卡住了很多人。

有人总结了写作的三重境界：不怕写，写不怕，怕不写。所以，不管有没有理论知识，先练习再说。只要过了写作实战这一关，就可以用理论打磨文章，用理论指导实际工作。

## 外包，责任心比能力更重要

企业新闻宣传媒介包括网站、微信、微博、展板、报刊、宣传片、电子屏等多种传播方式。有的单位因为人手有限，或者能力不足等各种原因，把企业新闻宣传工作外包给了广告公司、传媒公司等企业外部的专业机构。

我所在的施工行业有一项制度：发包、承包工程严禁"以包代管"。我想这同样适用于企业新闻宣传工作。

先来解读一下"以包代管"。

以包代管是指工程或行政监督检查职能等通过将责任和权利等以合同形式分包给别的单位、企业，发包方对安全、质量等不再管理。这就可能把许多有一定技术、管理能力要求的工作转包给没有达到技术、管理要求的单位或企业，造成许多事故。致命的是，分包单位或企业往往更看重效益而忽略安全和质量的投入，因此更容易产生事故。

把企业内部宣传外包给专业公司，从短期来看，提高了宣传质量；从长远来看，是不利于培养宣传人才和打造企业文化根基的。外部公司，只是把企业提供的文字素材加工成微信或者报刊，并不了解企业内部的运转情况和企业文化，也不会在这些方面下功夫。我专门研究过几家广告传媒公司管理的企业微信公众号，文字、图片确实处理得精美耐看，但怎么看都是皮毛功夫，蜻蜓点水似的介绍一下情况，而且经常出现几家单位风格雷同的情况。

所以我认为，就企业新闻宣传外包这件事来说，责任心比能力更重要。企业方不严格、不上心，合作个人、合作单位就会应付了事，制作出来的东西就会很粗糙。不是把工作交出去就结束了，有合作方的工作更难做，因为过程中很多细节不是由自己来操作的，更难控制。工作外包后，策划、制作，直到发布后的评论维护，企业都要全程参与，不仅要监管"工程质量"，还要注意企业宣传内容的独特性。

我个人并不支持新闻宣传工作全部外包。为了一时省事，花大价钱外包，其实折断了新闻宣传工作的双手和双脚。这样的新闻宣传工作就像一个只有大脑的残疾人，有时候还可能是连大脑也没有的植物人，丧失了自主思考的能力。

## 频繁出现的常识性"小错误""小问题"

来稿中经常会有一些常识性的小错误和小问题，举例如下：

**1. 某某领导指出，现场施工人员、施工机械（力量）不足，要想办法完成任务**

问题：前后矛盾，逻辑性差。

结果：要么修改，要么淘汰。

**2. 通篇不显示单位或者项目名称**

问题：和编辑打哑谜。

结果：如果文章很好，编辑认真负责，会和作者联系核实；如果文章一般，再加上编辑"懒癌"间歇性发作期间，直接毙掉就是唯一的结果。

**3. 用词与情境、场合不符**

项目当值领导带领部分党员及综合部人员热情招待了来访市民。"招待"一词不妥，按照文章内容理解应该用"接待"更合适：项目当值领导带领部分党员及综合部人员热情接待了来访市民。

"招待"指用酒食、饮食盛情款待客人，或安排好客人的生活，规格较高，气氛比较热烈，对象多是客人；"接待"指对人的一般迎接或安排，不一定有过高的礼节，对象可以是客人，也可以是其他人。如可以说"接待上访者"，但不宜说"招待上访者"。

## 内外有别

集团领导来公司调研指导，新闻中心必须写两稿，一稿报集团，一稿发企业媒体。报集团的稿件中，公司领导不会出现，只介绍集团领导的讲话内容；而内部用稿中会写上公司领导汇报的内容。这是“内外有别”的一种方式。

履约、安全活动、质量管理、调研等动态类消息的中心要聚焦在事件上，而不是领导身上。例如，调研类消息可以写调研过程、调研收获和调研后下一步采取的有针对性的措施，不要只写某某讲话。

随着企业的发展和社会的进步，以及受众接受习惯的改变，人们越来越喜欢观点新颖、有特色的信息。

## 新闻是写事，而不是写“一堆话”

无论是消息，还是通讯，主旨都是把所反映的事实写明白、写清楚，而不是写“一堆不明所以的话”。

我们经常收到写了好几页，但是看完使人云里雾里的新闻稿件。明明只是企业制定了一项新的制度、新的措施，偏偏要写“均衡管理，协调发展，树立德才兼备、以德为先的用人导向，建立公平、公开、公正的选育用留机制，传达正确的用人价值观”等语言，将一篇消息文体写成了一篇空洞的论文；写人物通讯，不好好讲述做了哪些事，偏偏要用“爱岗敬业、无私奉献、艰苦奋斗、奋发图强”等一系列褒义词来形容。能不能好好地告诉大家主人公是怎样“爱岗敬业的”，怎样“奋发图强”的？

时下提倡开短会、讲短话，讲管用的话，力戒空话、套话。写新闻，尤其要写实实在在的话，力戒空话、套话、啰唆话，争取让每一句都是对事实的描述和说明。

## 提前做好策划

某单位召开一个重要会议,问负责新闻宣传工作的同志谁写新闻,得到的回答是还没有安排。通讯员无所谓地说他们单位开会时都是全程录音,会议结束后再安排由谁来写报道。其他活动也是这样。

相信这在企业新闻宣传工作中不是个例。

在召开会议或者举办活动之前,应该做好新闻宣传工作策划,不仅要指定到人,还要就报道内容进行讨论,理清报道重点,策划好报道形式。在整个活动过程中,负责写新闻的同志要专心听会或者参加活动,不能穿插着做其他工作。

一支笔、一本笔记本、一支录音笔,是新闻宣传工作者的标配。但是不能以为有录音笔就万事大吉,录音笔录音过程中出现问题怎么办?在活动过程中,做好重点内容的记录不仅可以使新闻出彩,还可以提高写作效率。

“事前有策划,事中有思考性地做好记录,事后写出一个生动丰富、实事求是的消息或者特写”,应该是新闻宣传工作的正确打开方式。

## 报告、总结等材料要与新闻内容相匹配

做企业新闻宣传工作,有一些事件和材料会反复用到,例如,每年年初和年中工作会议上的领导报告和一些总结材料,只要涉及企业年度改革发展、生产经营等方面的消息都可以用,但不能照搬照抄。用的时候必须注意有区别地使用材料,要注意与新闻内容相匹配:年初是计划,年中是执行,年底是总结。有的通讯员在年底的总结性新闻中仍然使用年初工作会上提出的“我们要如何发展”等语句,使文章看起来通篇都是“梗”,没有修改的余地,结果只有两个:一是通讯员重新写,二是稿件作废。

# 参观和观摩的不同之处——论词语的准确性

在一篇写中学生到工地参观的消息中，作者写成了“某中学组织学生代表到项目观摩文明施工”，准确的写法是“参观”或者“体验”。

参观有走马观花地看一下就可以的意思，观摩一般是指观看优秀的做法，并且有学习研究的任务。

我经常和我们的通讯员开玩笑：“字也对，词也对，合在一起就不对了。”

每个词语都应该有一个最合适的搭配，以下都是在通讯员来稿中多次出现过的问题。

某项目完成1号厂房主体结构封顶（×）

某项目1号厂房主体结构封顶（√）

以2017年某某区交通事故案例为题材（×）

以2017年某某区街道交通事故为案例（√）

某领导巡视工地（×）

某领导察看（或查看）工地（√）

确保工程的质量达到设计要求（×）

确保工程质量达到设计要求（√）

公司领导班子成员带着各自的调研课题方向（×）

公司领导班子成员带着各自的调研课题（√）

解析：带着“课题”，不能是“带着课题方向”。

开展流量调节阀室首次通水调试试验

进行流量调节阀室首次通水调试试验

解析：“开展试验”，词语搭配明显有问题。

用词准确,新闻读起来流畅,也就是我们常说的可读性强,阅读感好。无论是新闻,还是其他文章,词语搭配准确是基本功,也是新闻写作需要达到的基本标准之一。

## 东拼西凑,是不负责任的外在表现

东拼西凑是企业新闻稿件常见的问题之一。拼凑来源主要来自领导报告、工作总结、各类会议材料和发表过的新闻稿件等。

"学好千日不足,学坏一日有余",写文章也是同样的道理。刚开始时感觉东拼西凑是为了完成眼前的工作,时间长了,会形成一种习惯性的工作方法:一接到要写文章的任务,不管是总结、报告还是消息、通讯,首先想到的是寻找参考资料,在相关的材料中挑挑拣拣,拼凑了事。几次下来,就会觉得这是一种工作窍门,是写作的捷径。

世上没有捷径,好走的路都是下坡路。写作,需要长期的磨炼和积累,对基本功有着极为苛刻的要求,没有任何捷径可走,只有多写多读。做企业新闻宣传工作,不比社会媒体要求低,除了练习写作基本功,还需要了解企业历史、企业管理等多方面的知识。认真写一次,就是一次积累;认真完成一篇文章,就是一次最好的写作练习。

东拼西凑来的文章,语言风格不搭,背景材料不同,就连文字组合形式也感觉不对。因为我们日常见到的文体各有各的气质,各有各的思想。工作报告是安排一年或近期工作的带有战略性的文章。把工作报告的写法直接搬到通讯写作中,就像瘦子穿着胖子的衣服一样松松垮垮,提不起精神。总结主要是报告上一阶段各种工作的成绩和下一阶段的工作重点。把总结的写法搬到消息写作中,就像穿着睡衣逛商场,自己觉得没什么,路人觉得别扭。

至于把以前新闻报道中的材料直接搬到文章中使用,有一句话特别合适:"去年的衣服配不上我今年的气质。"就算外在环境变化不大,时间也是一直向前的。在不同的时空中,需要有不同的新闻报道语言和风格。

新闻是一项实实在在的工作,每一个字、每一句话都应该是经过大脑思考后的最佳选择。东拼西凑,并不能提高写作水平。更重要的是,这是一种不负责任的外在表现,企业新闻工作者需要警惕并加以改正。

## 要善于“找”新闻,不能总是等着领导安排

在企业尤其是在国企工作时间长了,会有一种惯性思维——凡事等领导安排。有的工作可以,新闻宣传工作不行。主动出击是做好新闻宣传工作的重要前提。

做新闻宣传工作一定要对这项工作有正确的定位和认知。为什么说新闻要“围绕中心,服务大局”? 围绕什么中心? 服务什么大局? 围绕的是“生产经营中心”,服务的是“发展大局”。我以前反复写过,新闻宣传有一定的重要性,有自身存在的意义,但不是企业发展的主体内容,属于边缘化的业务职能。

在领导抓管理主体内容的时候,新闻宣传工作人员要主动跟上领导的步伐,观察企业内部发生的变化,从中找出可以写出新闻的事件和内容。

领导安排的新闻一般都是“大路货”——开会、获奖、各类文体活动等,属于操作空间不大、发挥余地不多的“规定动作”;自己在工作中“找”出来的新闻,分门别类,五花八门,属于有创意的“自选动作”,涉及生产经营、人物通讯、管理动态、社会责任等方方面面。自己找新闻是一种综合性的能力训练。凡事等领导安排,是工作被动、思想懒惰和行为拖延的表现。

拒绝被动,主动出击,练就一双发现新闻的“火眼金睛”,就等于为新闻宣传的职业生涯打开了一扇大门。

更何况,什么工作不需要主动呢?

## 简练的语言是新闻的标配

一段200多字的讲话学习消息,“讲话精神”四个字一共重复了8遍;一篇300多字的项目安全管理动态新闻,“项目高度重视安全生产”出现了6次。类似字词高频率地重复在基层来稿中是常见的通病之一。

字词高频率地重复有两个主要原因:一是作者掌握的词汇贫乏,找不到可以替代的词语;二是作者感觉只有这样反复表达,才能说明事情的重要性。

语言简练是文字的一种气质美,“精美简练”是形容一篇散文写得好的评语。对“主要功能是报道新闻信息,反映和引导舆论”的新闻稿件来说,开门见山、干脆利落的简练语言是新闻的标配。同一个字、词反复重复,读起来感觉拖泥带水,滞涩沉重。

通讯员不仅要能写出文字通顺的新闻,也要能写出精美简练的文章。

新闻毕竟以向受众传播信息为主,方便阅读、通俗易懂是最基本的要求,所以简练的语言是新闻的标配,而且是最重要的标配。

## 每一篇新闻都应该是新的

每一篇新闻从立意到成稿,从主题到语言,都应该是全新的。人不能两次踏进同一条河流,一段新闻不能用在两篇新闻稿中。

会议报道、年度回顾、重大奖项等新闻中,会有回顾过程、总结成绩、提炼亮点等内容。这部分内容可以通过采访相关人员,阅读相关信息进行总结提炼得来,也可以通过参考以前的新闻、报告、总结等文章得来,切忌直接“复制粘贴”到正在写作的新闻中。

时间、报道的内外环境、主题、题材和体裁等变化了,新闻内容也会同步变化。如果把总结中的文字直接搬到新闻中,这就类似于“刻舟求剑”,读者在其中是找不到“剑”的。

例如,写一篇年度经营业绩创新高的报道,会涉及采取的经营举措。有的通讯员就把年初工作会上领导报告中的经营措施原封不动地搬到新闻中，受众读起来会感觉很别扭，本来是总结已经取得的成绩，给人的感觉却是汇报工作思路，结果只能是新闻主题与内容南辕北辙。

再以企业新闻宣传常见的获奖消息为例。每一个单位、每一个项目都会有不同时段的工作总结，有生产方面的，有安全方面的，有党建方面的，也有各种工作的汇总总结。某项目获得了一个技术方面的奖项，那么重点就应该放在项目技术管理方面。现实中常见的新闻报道是作者本人把搜集到的项目各类管理的内容都写上，亮点也罢，总结也罢，大部分内容与主题不符。看起来的感觉就是一个漂亮的孩子穿了一件非常肥大的衣服，而且衣服套了很多层。

岁岁年年花相似，年年岁岁花不同。在这个日新月异的时代，只有不断地学习，才能使自己不落后于时代。

每一天的太阳都是新的，每一篇新闻都是新的。所有的内容都必须是重新创作的，可以参考，可以借鉴，唯独不能照搬照抄。

## 写一篇消息，就像系统阐述一个问题

各单位的企业新闻宣传岗位设置数量比较少，所以要求个个都成为“能长在坑里的萝卜”，否则宣传工作就是光秃秃的不毛之地，这在一些大企业的二级单位或直属项目中屡见不鲜。

问题来了，到底怎样才能写出一篇主题突出、内容简练、语言生动的消息呢？

有一位散文写得很好的通讯员到新闻宣传岗位后，写了多年消息始终没入门，他自己着急，单位也着急。单位领导和他本人多次联系我，希望能给予指导。

发了学习课件和消息写作模板，手把手地带着写了几篇消息，这位能写优美散文的通讯员仍然没有找到感觉。在苦思冥想之后，我专门给他开了一个“药方”，没想到起到了点石成金的效果。

这个药方是一个概念：“写一篇消息，就像系统阐述一个问题，围绕着一个主题展开，对这个问题用事实和过程进行解释说明。”他之前学过的理论概念成为药引子，这服良药引他入了新闻写作的门。

以施工企业常见的工程竣工消息为例。主题是工程竣工，就可以围绕着“竣工”介绍工程开工日期、施工过程中取得的科技进展、获得的专利、所获荣誉、业主和地方政府的评价、人才培养、管理创新、工程重大价值等内容。一句话概括就是“工程是如何竣工的”。

现在流行的思维导图非常适合列消息和通讯提纲。用思维导图逐条推理出提纲后，再用语言连接起来，就是一篇完整的消息。这是初学者可以参考借鉴的方法。

## 新闻写作，要避免低水平重复作业

从事企业新闻宣传工作，如果没有主动创新精神，只局限于写会议报道、各类管理动态等消息稿，久而久之容易陷入低水平重复作业的窘境。领导安排什么就写什么，自己看似什么都可以写的“万金油”，实际上这是工作能力固化的表现。

要避免低水平重复作业，可以从以下三个方面做起。

第一，要高标准、严要求。每次写作都要努力写出自己的最高水平，不能做“看心情写作”的通讯员，高兴或者有时间就认真写一下，心情不好或者没有时间就应付一下。

其实，做任何工作都不能应付了事，这不是能力问题，这是态度问题。态度决定一切，应付一次两次可以，如果时间长了养成应付的习惯，工作质量很难再提高。

第二，要为自己设立阶段性的工作目标。每天、每周、每月、每年至少要完成多大的工作量，不能“做一天和尚撞一天钟”。领导安排一件事就完成一件事，领导没安排的事情摆在眼前就不做，一个“拖”字解决所有问题。

第三，要进行一定量的写作练习，保证一定的阅读量。提高写作水平只有一条路可以走——多写多读，而且是边写边读。“纸上得来终觉浅，绝知此事要躬行”,是提高写作水平的真理。

写作是实践性、经验性非常强的活动,和弹琴、体操等文体活动一样,有一个循序渐进的过程。这个过程必须有一定的阅读量做支撑。

我从事新闻宣传工作二十多年,发现了一个规律:起点低,勤奋好学,坚持得久,越做越出色的通讯员有很多;起点高,但是不重视写作练习,越做越平庸,后来销声匿迹的人也有很多。

长时间低水平地重复作业,不仅会使人对工作失去兴趣,还会将一个人的意志一点点消磨殆尽,“如果不努力按照心里想的去做,终会按照自己做的去想”。

## 每一次写作,都是一次练习

有通讯员问我:“为什么对自己写出的东西不自信?”我告诉她:每一次写作,都是一个提高自己写作水平的练习过程。这不是鼓励,而是我自身的切实感受,也是工作经验。

写作是非常个体化的行为,对同一个人来说,只有做和不做的区别,没有水平高低的区别。与状态、情绪、感受等因素相关,写作有高峰期,也有低谷期;有文采飞扬时,也会有文思枯竭的苦恼时刻。真正把写作当作职业并做出一定成就的人,会在工作中形成自己的套路,区别是有的人说,有的人不说;有的人说真话,有的人说假话。

反复练习、反复总结,再练习、再总结,是写作的必经之路。如果有人说自己一开始就写得很好,那么他一定小时候就在写作这方面下了很大的功夫。人称“少女作家”的蒋方舟从幼儿园就开始了写作训练,还有一个身为作家的妈妈做教练。像我这样走上社会之后,为了生存被迫写字谋生的人肯定是不能比的。

企业中除了新闻宣传还有其他需要写文字材料的岗位。现在网络发达,复制粘贴方便,东家粘一段西家贴几行,最后把材料报上去万事大吉,时间长了,就养成了“惯性写作”——通篇复制,这等于自废武功。

写作是一份投入必定有产出的工作，虽然产出的价值有大有小，但只要持续投入，产出的价值一定会日益增长。反过来也是同样的道理，零投入肯定是零产出，低投入肯定是低产出。一本万利，在写作这件事上是不存在的。

新闻写作是事实写作，必须根据发生的事件写出相应的报道文章，是糊弄不了人的。对那些“复制粘贴”出身的“材料大家”们来说，写作是一面照妖镜，本事大小一照便知；对那些把写作视为简单易行的小事的人来说，写作是高考数学卷的最后一道压轴题。别着急评论，能不能做出来，先试一试再说。

练习，持续的练习，是写作必须走的一条路。

学无止境，写作同样无止境。我觉得读书与写作是不分家的，从灵魂到行动都非常类似，读一遍有一遍的收获，写一遍有一遍的体会。我试过从不同的角度、用不同的文体写会议报道，体会完全不一样。

俞敏洪说了“人生是一场马拉松”后，这句话就火了起来。写作同样是一场贯穿人生历程的马拉松，只要我们不放下笔，就永远在路上。感人至深的《我们仨》出版时，杨绛已 92 岁高龄。

写作是一场起跑时间不同、停止时间不同的马拉松。自己停下不跑了，马拉松就结束了；只要还在写，马拉松就一直在继续。

写作这场马拉松，只要上路，就会遇到同行者；一直在路上，就一直有同行者，从不孤单。

## 新闻是给大众看的，明白很重要

在企业里做新闻宣传工作，专业术语多是难题之一。新闻报道里写多了专业术语，除了本行业的技术人员，其他人会看不懂，影响新闻的传播效果。

新闻读者有一个专业名词叫“受众”。二十多年前，我第一次读到这个词时，电脑还没有普及。我认真地查了词典，没有查到这个条目。后来问了专业记者，我才知道受众是指所有的“信息接收者”。

专业名词是给专业人士看的，受众面窄。“DNA”大家都知道是遗传基因，说“脱氧核糖核酸”就有一部分人不知道是什么意思了。以我本人所学的工程专业为例，“三维有限元法”“应力”“止水”等名词对非工程专业的人来说，就是作者在新闻中设置的用来识别同行的密码。

企业新闻带有一定的专业性，但是和技术论文完全不同，它们是两种不同的文章类型：技术论文是给专业技术人员看的；企业新闻是给企业内部员工和社会大众看的，让人看明白、能理解是最重要的事。

通俗易懂是文章的基本要求，所以，在新闻报道中，生僻的专业术语能少用就尽量少用。

## 每一篇新闻都体现着作者的性情

“见文如见人”，新闻作品同样是。穆青的作品为什么能打动人？因为穆青本人就是一位受人尊重的新闻工作者，有较高的个人修养和专业素养。虽然我没有见过他本人，但是在《师者穆青》和《记者穆青》等书的记录中，一位谦和温厚的长者形象呼之欲出。

文出本心，自然见人性。每一篇文章都有作者的影子。无论是写文章，还是写新闻，从来不是有文字功底就可以，个人修养、性格思想、道德品质都包含在里面。尤其是企业新闻作品，与自身工作息息相关，属于典型的“我手写我心”，文章质量体现了作者对工作的理解程度和工作能力，也体现了作者在工作上投入的精力和热情。每次看到三言两语敷衍了事的新闻稿，我都感受到稿子后面有一颗匆忙疲惫的心。

不只是新闻稿，总结上一阶段的工作、部署下一阶段的任务的工作报告也很有代表性。工作报告主要告诉大家企业取得的成绩和今后的发展方向，面向全体企业员工和社会传播，与企业新闻宣传的内容和性质有重叠，所以工作报告应该算是一篇长消息。领导的思想水平、理论水平、文字水平、对企业的认知深度都包含在里面。虽然工作报告一般由专人执笔，但是最重要最关键的部分应该由报告主讲人确定。如果报告是别人代笔，主讲人只拿来念一念，听讲的人会感觉到报告没有灵魂，没有热度，只是一堆文字而已。

无论是精练的简讯，还是故事性强的通讯，抑或年度工作总结和工作报告等文体,虽然文体不同,但是体现出作者的性情,都表达了作者的观点和思想。所以,要想做好新闻宣传工作,写出好的文章和报告,就要坚持学习,坚持修身养性,不断提高自身的素养和修养,这样才能提高写作水平。

## 学习与本企业相关的知识

在企业里做新闻宣传工作,采访企业主业人员时总会遇到一些不理解的专业内容。以我所在的施工企业来说,业务涉及轨道交通、水利水电、钢结构、高速公路、桥梁等多个行业。对新闻宣传人员来说,这些都是难懂的技术术语。

做新闻宣传工作的好处之一是可以边做边学习,边写边了解。我经常和通讯员说:"每一次采访都是一次非常好的学习机会。"这话着实不虚,我自己有深刻的体会。我是工科出身,学的是水利水电工程施工专业,第一次采访高铁施工时,面对的是全新的技术术语和施工流程,采访起来难度比较大,采访效率比之前降低了很多。"无砟轨道"和"有砟轨道"就是第一次采访高铁施工时学到的。

在高铁施工工地深入采访三天后,新术语在笔记本上记了几张纸。等公司再次拓展新业务——承接地铁施工任务时,采访基本没有难度了。虽然有了之前高铁施工的采访写作过程,但地铁施工仍然是一次新的学习机会。

做企业新闻宣传工作,有没有专业基础不重要,重要的是要重视学习与企业相关的专业知识。没有深入了解,写不出通俗易懂的新闻。学习与本企业相关的专业知识和企业管理知识,有助于让写作更好地与企业发展实际相结合,有利于深入地理解企业管理的特点,容易发现不同业务的创新之处和发展成绩,只有这样才能写出反映企业特色的新闻作品。

只有深入地理解采访对象,才能写出有深度的新闻稿。

# 新闻写作与新闻摄影属于两个专业

有领导这样批评:“我们培养的新闻宣传工作人员能力太单一,写作的只写作,拍照的只拍照。”

这两项工作可不可以一起做? 可以,只是不能对工作结果和水平做要求。但是想要新闻宣传工作人员对这两项业务都精通,就有很高的难度了。对这两项业务都精通的“大神级人物”,一般的企业也留不住。

铁路施工和高层建筑施工,虽然都属于施工行业,但是技术标准、施工规范、施工过程等方面有不同的要求。做过几十年铁路施工技术的人,做不了高层建筑施工。即使在铁路施工行业内部,土建施工和后期电气化施工也是完全不相通的专业,精通土建施工的人要做电气化,也得从头学起,反过来也是同样的道理。

新闻摄影和新闻写作与土建施工和电气化施工一样,是同一个行业中的不同专业,需要花时间和精力学习钻研。即使是社会媒体也很少听说摄影大师同时是作家和优秀记者。有的记者会摄影、写稿,但有一方面只是业余水平,或者两方面都是业余水平,都精通的,少有。

随着摄影手段的多样化,摄影似乎越来越容易了,人们拿起手机就可以拍照,但是摄影是一门艺术,人人都会走路,但不等于人人都是世界长跑冠军。“可以拍”和“拍得可以”之间的距离,比土建施工和电气化施工之间的距离大得多。有一位摄影高手告诉我,仅练习白平衡,他就用了一年时间,构图和空间想象力更是毕生的追求。

写作和摄影难就难在都需要多练习、多实践。人的时间和精力毕竟有限,能精通一件事已经非常幸运,要求精通两项“艺术级别”的业务,实在是有点儿强人所难。

专业的事要由专业的人来做。我对着空气默默地问一句:“做财务工作的能做总工程师吗?”

# 新闻配图有讲究(一)

新闻图片是无声胜有声的文字,起着“一图胜千言”的作用。

通过浏览多家企业网站和报纸电子版,结合自己的工作经验,我得出的结论是:新闻图片是多数企业新闻宣传工作的短板,可以说是“短中之短”,“短”到有的新闻配图不伦不类,甚至闹出笑话。

安全帽没有戴正,没有系帽带,工装没系扣子等行为虽然不符合安全文明施工要求,但还原了现场的真实情况。可以与安全管理人员沟通,要求改正这些行为,这样可以促进现场管理水平的提高。最怕的是摆拍时不动脑、不用心。拍摄一个搬进新办公室的场景,工位倒是都坐满了,但电脑一台没开,全黑屏。看着一排背影端端正正地坐在黑屏电脑前面,我真是连提意见的力气都没有了。

施工是艰苦的,现场有泥水是可以理解的,但是写安全文明施工,配图是领导站在一摊泥水里讲话就不能理解了;写质量管理,发来的图片是一座空空如也的厂房,看说明才知道是新建的钢筋加工车间,这幅图怎么和质量管理产生联系呢?

只要动脑筋思考一下就会发现,很多契合安全文明施工主题的场景可以拍摄。例如:让安全帽、反光背心等劳保用品穿戴整齐的施工人员站在现场标志标示牌下;车辆通过洗车机,水喷洒在轮胎上;员工在堆放整齐的施工材料前经过……

图片新闻本身是新闻的一个种类,可以单独发表。在工地上拍出好的新闻图片,有时候比采访写作更艰苦。为了拍摄一缕阳光照射在盾构机上,一位摄影者在地上蹲了一个多小时。为了拍到施工人员真实的劳动场景,臭水沟、爆破刚结束的矿井、正在施工的基坑等等,再脏的地方,摄影者都要去,只有去到现场才能拍摄到还原真实场景的照片。凌晨、深夜、太阳暴晒的正午,全天待命。

无论是消息配图,还是通讯配图,都有要坚持的原则,或者说要守住的底线。我总结了三个原则:第一,与新闻相关;第二,能表达主题;第三,画面要干净,最好有美感。这应该是最低标准。

新闻配图还要注意大场景和细节图片相结合。正所谓成大事者不拘小节,大场景因为距离远,无法显示细节部分。以安全文明施工为例,流行的航拍和传统的高处拍摄,可以表达施工现场的宏伟景象,细节描写可以体现管理的严谨和细致。

新闻配图应该起到画龙点睛的作用。不是随意拍摄的几张图片配上新闻就可以发表,不能让图片成为新闻作品的败笔。

## 新闻配图有讲究(二)

现在是“看脸的时代”“看图的时代”。图片在新闻报道中直观、简洁、一目了然,有着文字无法替代的作用。给每篇新闻稿件都配上合适的图片,是我的新闻梦想之一。

既然是梦想,就意味着在现实中难以实现。在我们的来稿中,各类新闻报道,尤其是施工现场的新闻报道,图片的内容和质量真是“只有想不到,没有拍不到”。有半张脸的,有站在泥水中的,有握手时手悬在半空中的,有拍领导后脑勺的,有安全帽戴歪的,有几个人抽着烟的,诸如此类,不一而足。其中有摄影水平问题,主要原因是不动脑思考,只是想当然地随便拍一下就发过来了。

新闻是基于事实的报道,真实是新闻的生命,但这并不意味着新闻报道可以用丑、乱、脏的照片。

施工现场是随时处于动态变化中的:基坑开挖过程中,肯定有泥土产生,模板拆下来在整理运走之前肯定是堆放在工地的……人是动态的,现场也是动态的。新闻写作讲究素材选择、框架构思、文笔润色,图片拍摄也讲究角度、光线、构图。无论是抓拍,还是摆拍,摄影者呈现在读者面前的只是整体中的一个角度、一个部分。新闻配图与新闻稿件写作的主题应一致,反映什么拍什么,想表达什么拍什么。

以基坑开挖为例,没有作者写“今天挖出 3 万方烂泥”,一般的写法是“某月某日,某项目完成土方开挖 3 万方”。我们可以远景拍摄基坑开挖现场,可以近景拍摄操作工人脸上的汗水，还可以中景拍摄开挖和运输的繁忙场景。为什么偏偏拍摄挖掘机铲出的黑色淤泥呢？

再以现场人物拍摄为例，人物拍摄可以操作的空间很大。现场有几百人，就算抓拍技术差，拍到正脸也是没有难度的事，为什么非要拍后脑勺呢？有的工人安全帽不小心戴歪了，有的工人手里拿着烟，拍照之前上前提示一下并不难。领导来现场检查指导工作，我们可以提前准备好照相机，等领导站好了马上拍，多拍几张，就多几个选择。现在手机都可以拍摄出非常好的照片，用相机还拍不出好的照片，任谁也找不出理由。

我理想中的新闻图片至少要具备三个要点：第一要美观，第二要符合安全文明施工管理要求，第三要符合新闻事件和人物工作的特点。当然最重要且唯一的前提条件是：照片反映的必须是真实事件，不能造假。

## “预告式”+“总结式”代替系列活动的“零碎式”

首先声明，“总结式新闻”不是“总结”，是写出活动和事件中的创新举措、取得的效果，以及各方的客观评价等内容。

企业工会、团委等团体组织经常开展文艺演出、演讲比赛、书法绘画展览、劳动竞赛等各种活动。这些活动一方面丰富了职工的业余文化生活，另一方面为员工提供了展现才华、交流沟通的机会，很有意义，在企业文化建设方面也很有价值。但是放到新闻宣传上，就出现了“零零碎碎的一事一报”或“一事多报”等问题。

例如，为了某个重要的节日，企业内部各子企业都会开展系列活动。从准备阶段开始，可以写“某某分公司筹划开展庆祝公司六十周年活动”“某某分公司布置开展庆祝公司六十周年活动”，然后写“筹备演讲比赛”“准备召开座谈会”，最后写“举办演讲比赛”“召开座谈会”，等等。每一步进展都写成消息报送。

这里有两个问题需要注意：一、要区分信息和新闻的区别，信息是企业内部少数需要知情的人上传下达用的，新闻则面向公众；二、不是所有的工作都是新闻。

举个简单的例子就容易理解了:第一,活动方案筹划好后,需要向领导汇报,这是只需要关键领导知道的信息,而不是需要发布的新闻;第二,工程简报有周报和月报,不能每编一期简报就发表一篇"某某公司编制工程简报第1111期"吧?

新闻一定要有需要向公众传达信息的目的和价值:需要向公众报告什么,需要公众知晓什么。以上述系列活动为例,在会议或领导通过活动方案、开始实行之前,发布一条"某某公司准备开展庆祝公司六十周年系列活动",把要开展的各类活动介绍清楚,感兴趣的员工可以有选择性地参加,不感兴趣、没有特长的员工也知道有这一系列活动,就达到了新闻传播的目的。如果每项活动时间相隔比较远,可以一项活动出一条新闻;如果几项活动连续举办,完全可以写一条综合消息,把几项活动用小标题串联在一条新闻里,既有深度又有高度,信息容量比一事一报要大,可读性也比一事一报强一些。

同样的道理,工程施工进展不要大小节点不分主次地全部报,而是报关键的大节点,把小节点融入文字介绍中,这样信息量更大。信息量增加后,新闻更加充实,主题更加明确,力度也要大得多。

## 新闻写作重点在"写",切忌直接摘取材料

写作,重点在"写",新闻写作的每一次"写",重点在"新写"。"去年的衣服配不上我今年的气质",无论多么好的材料,都跟不上随时变化的形势,不适合新的主题。

一位员工获得了一项省部级荣誉,这是企业新闻宣传的"重头戏"之一。美中不足的是,原稿直接在该员工的事迹材料中节选了其中两段作为消息的主体内容。

事迹材料与获奖消息是两类文体,文字风格和表述方式都不相同。

事迹材料比较长,可以展开来做详细的论述:可以在工作经历中选取几段展示其爱岗敬业的精神,可以介绍他在完成重要项目过程中经历的艰难险阻、克服的困难、获得的好评以及周围同事的评价,等等。

消息的定义是"以简要的形式,及时地反映国内外新近发生的重要事情"。对于企业中最新发生的重要事情,我们应该"以简练的语言、简短的形式"写成消息。

一般事迹材料字数为2000~3000字,有的劳模材料字数可以到5000字以上。这么多的文字结合获奖种类、性质写成消息,应该浓缩、提炼出事迹材料的精华内容。只从其中摘抄出两段,生搬硬套的结果必然是"生硬突兀不流畅"。

思路不畅,文章必然不畅,流畅的文章需要流畅的思路。在动手写作之前,先阅读相关材料,根据主题和题材进行思考,确定写作思路之后,在大脑中对材料进行精减组合,精心写作,力争写出语句流畅、信息完整的消息。

## 让新闻写作回归记事本质

新闻,是介绍事件的进展或结果的文章,不是理论文章,大段大段的论述会让人失去阅读的兴趣。

在现实中,经常看到开头一大段是"为了什么",中间是"加强什么",结尾是"力争什么"的消息稿件,这不仅违背了新闻写作的基本原则,也说明作者没有深入采访,不了解事件的发生过程、背景、意义、达到的目标等要素。

消息,只要说明白一件或几件事情就可以了。"夹叙夹议"的写作方法,更适合评论,而不适合消息。用"夹叙夹议"的方法写的消息,会变成"说消息像评论,说评论像通讯,说通讯像特写,说特写又像报告"的"四不像"文章。

企业新闻宣传工作,参加的人比较多,提出的意见可能会互相矛盾,这正是体现作者写作功力和理解能力的时候。融合对的意见,剔除错的或者不必要的看法,才能写出有思想高度、有正确观点的新闻作品。不能为了迎合而改变写作主旨,否则会导致文章杂乱、生硬等后果。

高水平的文体需要高水平的写手。新闻写作应回归记事本质,老老实实地把事情讲清楚,让受众愿意看,能获得有用的信息。在此基础上,再对文章进行修饰、加工、润色,如果文章能达到语言优美、观点精彩的标准,那么我要恭喜你,你已经成为一名优秀的宣传人员。

## 领导审过不是新闻稿件的终极标准

经常有人在办公通信工具上发来这样的信息:稿件某某领导已经审过,请上要闻。

企业媒体编辑要谨记一条原则:领导审过的稿件,不代表没有错误,也不代表可以上要闻。

受眼界和工作经验影响,人都有难以克服的本位主义。尤其是在专业领域跨度较大的企业中,大多数人会认为自己从事的工作很重要、很辛苦,平平常常的日常工作动态应该上要闻栏目。

企业网站分栏目,一是为了条目清晰,突出重点;二是为了归类管理,便于浏览。要闻是企业新闻的精品专栏,只有重要活动、重大事件、新闻作品精品等有一定代表性的新闻才可以发表。如果每位分管领导审过的稿件都上要闻,企业网站就会成为“杂货店”。

要想做成企业新闻宣传行家或者专家,首先要有独立的思想和对新闻分量的判断能力。和技术、财务专业一样,新闻宣传同样有专业性要求。企业领导一般是生产经营领域出身,就新闻宣传领域来说是外行。编辑才是稿件发表的最后一关,决定稿件应该以何种形式发表在哪个栏目。

领导审核把关,主要决定稿件是否合适,是否需要发表。领导审过了,不代表领导认真地看过了,可能认真审核过,也可能简单地浏览一遍,甚至可能没有看,只是表示知道了这件事。

如果领导审过的稿件,编辑不审、不校,直接发表,出了错误仍然是编辑的责任。这是由工作职责决定的,不是管理层级决定的。

## 为什么一定要“纷纷”表示

从事新闻宣传工作那一天起,我就开始努力在稿件中消除“纷纷表示”“重要讲话”“隆重召开”“顺利完成”“成功举办”等词语。到目前为止,我仍然会不定期地与“纷纷表示”和“顺利完成”来一场偶遇。

在学习、培训、会议等活动类消息稿件中，作者会习惯性地加一句“大家纷纷表示如何如何”；在节点类消息中，稿件的写法通常是先介绍施工过程，强调克服了多少困难，最后以“顺利完成”结尾，这是统一格式。

类似的写法实际上是语言匮乏，没有深入观察、采访的表现。

“纷纷表示”一看就是假的。我们可以现场采访一两位参与者，请他们谈一谈感受，把他们的感受写进新闻中，不仅会增加新闻的可信度，也会增加可读性。

“克服困难”“顺利完成”这种语言搭配是要坚决排除的。“克服困难”的过程可以改为具体的做法，“顺利完成”可以用达到的效果来表现。

要想写好新闻，就一定要多读书，多看报，多写稿子，多思考。

## 新闻稿件中要避免出现“两长”

“项目明确了现场施工质量的难点及风险和冬季施工的各项质量保障措施及质量风险应急预案。”这是来稿中出现的句子，句子太长，而且层次不清晰。我看过的通讯员来稿中最长的句子占了 A4 纸满满三行，长到那个程度的句子已经让人不知所云。

另一个要避免的“长”是长段落，长到一篇消息只有一段的情况也偶尔会出现，一大段黑压压的文字压过来，让人产生一种要把它大卸八块的冲动。

长句和长段落没有层次，可读性差，所以长句一定要拆开，文章要按主题多分段。短句、短段落能更好地表现出新闻的节奏感。

我国著名记者李普说：整篇文字要短，段落要短，句子要短，叫作三短。这是经验之谈，也是新闻写作必须遵循的原则。

## 新闻写作没有永恒不变的方法

有一篇网站改版的消息，通讯员模仿几年前网站改版的消息，以相同的笔法、差不多的内容写了一篇报道。实际上，网站两次改版的出发点、目的和过程都完全不同。该消息应该重新立意，结合网站改版的要求和目标等内容，写出一篇从形式到内容都新颖有趣的报道。

与网站改版消息类似，企业新闻宣传每年都有一些重复出现的报道对象，比如年初的工作会、三八妇女节期间的女职工活动报道、五一劳动节期间的劳模、国庆节和春节期间坚持生产的一线员工，以及一些日常管理内容。这类重复出现的内容，报道重点在于其中的变化和新意。

年年岁岁花相似，岁岁年年人不同，"日新月异"已经不能形容时代变化的速度。在一个变化以光速计的时代，不能发现事件的新意，其实是思维固化的问题。

新闻写作是动态的，没有永恒不变的方法。发现报道对象的新意，从每一件看似平凡的事件中，找到报道的价值，就是企业新闻宣传的意义所在。

## 为什么要求所属企业报送的新闻不要出现领导的名字

每隔一段时间，就会有所属子企业通讯员要求新闻中加上所在单位领导的名字，主要有两个理由：一是领导有要求；二是不出现领导的名字，新闻不好写。

一般集团所属子企业有几十家，而且所属企业性质不同。以本人所在企业为例，有子公司、分公司、直属经理部和直属项目部等。另外，子公司的类型按照控股的多少划分为全资子公司、控股子公司、参股子公司、关联子公司四种。

下面结合通讯员提出的两个理由，说明为什么要求所属企业报送的新闻不要出现领导的名字。

第一个理由，领导有要求。我们先来假设一下，如果新闻动态中遍布"某某领导强调""某某领导指出"，企业网站和报纸会成什么样子？一个全是领导名字的企业新闻网站和报纸,可读性一定会很低,媒体管理一定混乱。在中央出台“八项规定”之前,这一点体现得非常明显,经常会出现“某经理亲自打伞”“某副科长莅临检查指导”等尴尬新闻。

有一种说法是管理有三要素,包括标准、制约和责任。任何一项管理工作想要做好,都必须有统一的标准。子公司领导出现在新闻中,分公司领导呢?直属经理部和项目部领导呢?

我们统一要求“所属企业报送的新闻中不要出现领导的名字”,就是规范企业新闻宣传的标准之一。

第二个理由,不出现领导的名字,新闻不好写。这是思维懒惰的表现。开个会,“某领导要求,某领导指出,大家纷纷表示”,这种三段式的新闻不需要动脑,不需要用心,不需要访谈,只要能拿到会议材料就完成了任务的百分之九十九。这是我们需要的新闻吗?明显不是。我们需要知道为什么召开这个会,这个会提出了什么,有哪些方面关系到企业的发展和员工的利益。如果能写出创新点就太完美了。

我们同样来假设一下,如果允许出现子企业领导的名字会怎么样?如果那样,所属企业的通讯员压力会更大,A 单位领导讲话那么长,B 单位领导看到自己的讲话短了,就会不高兴。作为编辑,我们不可能统一来稿中领导讲话的字数吧!

综上所述,要求所属企业报送的新闻不要出现领导的名字,就是对通讯员的保护,也有利于通讯员寻找新闻点,创新写作方式,提高新闻写作水平。

## 离开领导讲话就不会写消息,实际上是懒惰的表现

分公司报上来的活动、会议新闻稿,大段内容是单位领导的讲话,固定格式是“某某时间 + 开展某某活动 + 某某领导强调”,形成了“三段式消息”。

涉及企业管理内容的活动和会议,都有各自的背景、举办意义和将产生的影响,这才是活动类消息的重点内容。但是这些内容需要调研、采访、思考、总结,才能形成文字,比“三段式消息”要复杂一些,需要做到新闻写作类书籍反复

强调的“眼勤、嘴勤、腿勤、耳勤、脑勤”。

新闻写作没有捷径，只有勤奋练习才能提高写作水平，才能写出精品。所以，我们的通讯员不是离开领导讲话就不会写消息，而是“嘴懒”导致对事实了解不清，“脑懒”导致文思枯竭。

## 动笔之前，先给新闻找一个角度

做企业新闻宣传，每天要面对大量简单的事件性消息，三言两语地介绍工作进展或者介绍开展了某个活动。看着这类价值不大的消息，更准确地说应该是“简讯”，有时候会有一种深深的无力感。即使不是专业记者，身处事件中，稍微动动脑，也可以写出有模有样的新闻。

既然可以作为新闻报道出来，那么事件就有报道的价值和原因，关键是寻找好报道的角度。

为报道对象寻找一个最佳的报道角度，非常重要。就像做衣服之前先要设计、做美食之前先要配好配料一样，写新闻同样需要设计感。

以一年一度的工作会为例。企业新闻的大部分报道以“某某单位召开某某年度工作会”为标题和报道角度。在听会的时候，要重点关注下一年度的工作部署，寻找工作重点，把信息含量高、最有新意的内容提炼出来。如果几项管理工作有不同的侧重点，可以结合上一年度的成绩、进展，写一篇或者几篇述评性消息，这比单纯地报道会议有多少人参加，领导讲了什么话要精彩得多，传播效果也要好得多。

新闻首先是一篇文章，我们要把每一篇消息，即使是最短的简讯，作为一篇完整的文章来对待，布局、架构、章节过渡、文字都要精耕细作，认真思考。

美国成功学大师拿破仑·希尔说过：习惯能够成就一个人，也能够摧毁一个人。每次动笔之前，给大脑一个先思考的提示，时间长了，就会养成一个“提笔前先思考最佳写作角度”的良好习惯。如果一遇到会议就笼统报道会议，遇到荣誉就简单写个短讯，被“习惯引力”吸引之后，大脑会自动维持现状，拒绝创新。

培养良好的思考和写作习惯,是提高写作水平的重要前提。

## 工程开工、竣工消息稿件的信息量要充足

工程开工、竣工类消息是施工企业最常见的消息类型之一。大多数通讯员上报的此类稿件内容非常简单,很多通讯员把一篇重量级的消息写成几句话的简报。

要解决这个问题,方法也非常简单,就是“信息要充足”。开工的消息除了写某年某月某工程开工,哪些领导参加,还可以介绍一下工程概况、建设背景、重要意义,当地政府和民众对该工程的理解与期望等也可以是消息的主要内容。竣工消息要表达的信息量更大,除了以上内容,还包括施工时长,施工过程中质量、安全、技术、管理等方面所采取的创新措施,取得的成绩,获得的奖项,员工的精神风貌,当地政府和民众的评价……可以展现出业绩的内容都可以涉及。所以写一篇内容充实饱满的开工、竣工消息并不难。

会议消息、获奖消息属于相同题材的新闻,这类新闻同样是“信息量越大越好”,但是一定要突出主题,所有材料都围绕主题展开。切忌喧宾夺主,拉拉杂杂地讲一大堆与主题无关的内容。

## 要克服年年“迎新”,年年“如旧”

迎接大学生新员工是新闻报道可以写得出彩的题材之一。同样,因为年年都会遇到,通讯员们都会面临“报道愁”的问题:每年的这个时间都发愁怎样创新报道形式。各大企业网站的报道也是“年年‘迎新’,年年‘如旧’”,无外乎有多少人,包括哪些专业,企业如何满怀热情地迎接。常规新闻最难的就是创新。

在经过深入思考与讨论之后,我们采取了更换主创人员,多人参与,老员工访谈,让新员工写新闻稿、编微信等多种方式。

事实证明,“换脑袋”是克服年年“迎新”、年年“如旧”的有效方法。

## 改稿子是最痛苦的事,还不如自己写

“改稿子是最痛苦的事,还不如自己写。”这句话我听新闻宣传工作的同事说过很多次,也经常听部门同事这样抱怨。十几年前,我自己也曾经有过这样的想法。这是个重复出现而且不能避免的问题,作为专职工作人员,在有了一定的工作经验后,我总结出这实际上是理解力的问题。

“理解力”这个字源自拉丁文“comprehender e”,意指“抓住总体”,意思是对某个事物或事情的认识、认知、转变过程的能力。

正如不同的人对同一个问题有不同的认识角度一样,不同的人对同一个事件也有不同的理解与关注点。就拿一年一度的重要新闻“工作会议报道”来说,信息量大,内容庞杂,到底哪些内容应该作为报道重点?虽然大方向相同,但是不同的人写稿子肯定有不同的选择。编辑要做的就是在尊重通讯员的基础上,力争让报道更加出彩。

企业新闻编辑,有的也不是新闻专业出身,能够半路出家从事这项工作,肯定在写作方面有一定的基础。但是“修改稿件”与“写稿子”是两种思维方式,前者是适应别人,后者是顺应内心的思考。所以面对众多来稿,我们应该练就“抓住中心找到关键信息”的能力,这样一定会感受到新闻宣传工作的乐趣。

我们做任何事情都要有理解力,如果能够通过修改稿件增强自己的理解力,一定会让自己在综合素质方面有更大的进步。

事半功倍的事,值得做。

## 必须学习新闻写作理论知识

经常有通讯员给我留言:“往邮箱里发了两篇通讯,请查收。”

我非常激动地打开邮箱,一看,这哪是通讯啊,只是两篇一两百字的简讯而已。

香港电视剧中会出现“我给你发了简讯”这样的台词。在香港等地区,“简讯”等同于“手机信息”。在实际工作中,简讯也是最简单的通报信息,发生了什么事,举办了什么活动,三两句说明白就可以。简讯不能和消息、通讯混为一谈。

消息和通讯是企业新闻宣传最常用的文体,也是通讯员必须要掌握的两种文体。

消息是简讯的扩充,基本要素就是人们通常所说的“五个 W”——何时、何地、何因、何人、何事。企业新闻写作中,通常需要介绍报道对象的整体情况、背景意义和取得的效果等内容。

通讯更为复杂一些。在我所学过的理论知识中,我倾向于下面这个原则:通讯有故事情节,消息无故事情节。

我是工程专业出身,半路出家做了新闻宣传工作。为了提高自己的新闻写作水平,我参加了新闻学专业的自学考试,感觉受益终生。

既然做了通讯员,特别是专职的企业新闻宣传工作者,就要学习新闻写作理论知识。什么是消息?什么是通讯?消息的结构包括哪些?通讯怎么分类?现场特写算不算通讯?百度一下,多读几遍,相信大家都能理解。

打开“得到”App,首先弹出一句话:一起建造一所终身学习的大学。无论是兼职通讯员,还是专职通讯员,都要把理论与实践结合起来。理论与实践是相辅相成的,懂点儿理论知识是必需的,会促进实践能力的提高。

## 用词切忌太满

通讯员在培训类、会议类报道中的一大通病是形容词用得太满。

一个小时的会议,报道中用了“全面了解”“系统掌握”“深刻解读”……在短短的一个小时或者再长一些的时间,能做到以上词语所形容的程度吗?

一两天的业务培训课程,用“收获满满”这类词语来形容还算有点儿靠谱,如果用“全面提升了企业某某业务管理水平”“为企业发展奠定了坚实的基础”等句子来形容就有点儿过了。

实事求是是新闻宣传报道的重要原则,客观、真实地报道则是新闻宣传工作者的重要职责。培训类、会议类报道强调的是过程和内容,不应该把重点放在结果上。用词太满容易夸大事实,违背客观真实、实事求是的原则。

每一篇新闻,哪怕是几十字的简讯,都应该有独特的生命。用词太满的另一个后果是使类似的报道千篇一律,失去原有的风采。

## 恰当地使用"的、地、得"等助词和"首先""然后"等副词

这里有两个重点问题要注意。

**一是来稿中"的、地、得"混用。**

为了更好地理解"的、地、得"的正确用法,我给大家总结了一个简单的用法——"好吃的东西""吃得好""好好地吃"。记住下面的公式:"修饰限制 + 的 + 名词""修饰限制 + 地 + 动词""动词(形容词) + 得 + 补充说明",就可以学会"的、地、得"的正确用法了。

**二是结构助词"的、地、得",语气助词"了",形容词和副词等用得有点儿多,致使语言不够简练,文章看起来有点儿啰唆。**

结构助词"的、地、得",语气助词"了"在文章中出现的次数"越少越好",能不用坚决不用。

写新闻,尤其是消息,要少用形容词,不用副词。记得以前参加培训时,有位老师曾经讲过这样一句话:"形容词是情人,要谨慎使用;副词是敌人,见一个消灭一个。"大家写完稿件后,可以试着把稿件中的"首先""其次""随后""最后""同时"等副词去掉,你会发现文章的原意没有受到一点儿影响。

## 新闻写作要关注事件发生的全程全貌

节点新闻和动态新闻写的是事件发生过程的某一个点。这个点的选择很关键,对事件全程有影响力的事件才有被关注的价值,才值得报道。

清代"狂生"陈澹然在《寤言 · 迁都建藩议》中言:"不谋万世者,不足谋一

时;不谋全局者,不足谋一域。"这同样适用于新闻写作。在选择节点时,要选择有关键性作用和决定性意义的节点进行报道,不是事件每进行一步都要写。

活动动态新闻要关注活动开展的背景和意义,从中提炼出一个有价值的点进行宣传。单纯写"某年某月开展了某个活动",这不是新闻,是信息。

把节点放到全程全貌中去观察,去提炼,去思考,去总结,写出的消息和通讯才会有大格局。

## 不写"总结体"新闻

对管理经验的总结与提炼是企业新闻宣传的内容之一,而且是重要内容之一。在实际工作中,对一个专题活动或者一个阶段的工作进行新闻宣传报道时,很容易写成"总结体"新闻——把所有工作罗列上,甚至在每一段开头用一句概括性的话来表达该段的主题,后面再介绍围绕该主题开展的活动。这样写出来的文章是工作总结,不是新闻。

工作总结强调"概括提炼""经验与成绩""反思及改进"等,新闻强调"重要性、新鲜性、显要性、接近性、生动性",也就是时下流行的"讲故事",而且要讲"一个在工作中发生的新鲜的故事,这个故事讲得越生动越好"。

新闻要有"新鲜性"。这里的"新鲜"与用来形容食品、空气等的"新鲜"有不一样的含义。新闻的"新鲜性",我总结为两方面:一是新发生的;二是事件性质不同。

在我国新闻学术界,最权威的新闻定义是1943年陆定一提出来的:"新闻的定义,就是新近发生事实的报道。"对于"新发生的",不多做解释,重点解释"事件性质不同"。

有的文章看似写了很多内容,从字面意思和性质来看,写的是同一件事。比如说政治理论学习,一个项目学了,另一个项目学了,第三、四个项目也学了,就算你说一百个、一千个项目学了,也是同一件事。就算学习方法不同,从新闻宣传角度来说,一句话就可以概括:公司60个项目参加了政治理论学习。但是参加政治理论学习与到红色教育基地接受教育、主题日活动、党小组特色活动是不同类型的活动，符合“新鲜性、接近性、生动性”要求，也属于不同性质的事件。安全管理、质量管理等各类管理新闻可以参照以上案例。

不同的文体有不同的要求，按照文体要求进行写作，是文字工作者的基本功之一。

## 莫做新闻宣传“独行侠”

有的通讯员忙得昏天黑地，看似有写不完的新闻，但是又见不到有分量、质量高的好稿、大稿，只是一些与会议、获奖、文体活动相关的动态小消息，长的有四五百字，短的只有一两百字。

专职新闻宣传工作者或者肩负着新闻宣传工作职责的兼职新闻宣传工作者，不能大包大揽，把所有的写作任务都揽到手里，弄得自己精疲力竭，工作质量不高，领导也不满意。

新闻宣传工作是企业管理内容的一部分，新闻宣传工作从业人员也是企业的一分子，不是“独行侠”，要融入团队，和团队一起前进。写稿子只是新闻宣传工作人员工作内容的一部分，还有一部分工作内容是策划和组织稿件。专题策划，我们在另外的篇目中讨论，这里主要讨论如何组织稿件。

第一种方式是有了新闻信息后直接约稿。了解到相关信息后，主动跟负责部门对接，请对方提供新闻稿件。在对接过程中，要挖掘有深度、有高度、有新闻点的内容，和作者讨论稿件的题材和体裁，主动帮对方完善内容。这种方式适合获奖、开会、竞赛活动等“点式新闻”。这个过程还会进一步提高部门和作者的新闻意识，传播新闻宣传知识，交流工作方法，无形中扩大了工作人群的范围，这也是一件为长远打基础的事。

第二种方式是发挥组织作用，建立通联团队。QQ 群、微信群和内部通信软件建立的各种群等，都属于这类团队。在各职责部门设立专职通讯员，可以加强部门之间的联系，了解工作动态，掌握工作进展。这种方式有利于及时在日常工作中发现新闻点，适合专题活动、专项管理等“线式新闻”。

第三种方式是长期跟踪某重大项目、课题和活动，及时关注、了解相关信息，和责任部门合作，创作出有影响力的深度报道。这种方式适合重大的项目，对企业发展有重要意义和长远影响的项目和工作内容。

第四种方式比较个性化，就是多和各级领导交朋友。领导掌握的信息多，新闻点自然也多。这种方式不适合所有人，个人视情况采纳。

总之，做新闻宣传工作，要有“大宣传”的意识，努力建立“大宣传”的格局，有张有弛地做工作，大气从容地写文章。

## “指出”“强调”“要求”之外有更多词可以用

在一篇上级单位到下级单位调研指导的消息中，通讯员在写下级领导汇报内容时，写成了“某领导指出”，明显用词不当。

在报纸、网站上看大型会议报道看多了，“指出”“强调”“要求”三个高频词在大脑中形成了刻板印象，习惯性地拿来就用。这三个词语不适用于所有场景，也不是只有这三个词语可以选择，不要紧盯着“指出”“强调”“要求”三个词语不放，还有更多词可以用。在这篇消息中，最合适的词语是“介绍”。“某领导介绍”，与场合、身份、相互关系都完美匹配。

会议报道，可以用的主要有以下五个表述方式：“会议认为”“会议指出”“会议强调”“会议要求”“会议讲到”。

在写到领导或者某人的讲话和发言时，有更多的选择可以用，如“指出”“强调”“要求”“介绍”“讲到”“说”“谈到”。

在上文所指出的场合中，除了“某领导介绍”，还可以用“某领导说”。

列宁说过，对具体的事物做具体的分析。在新闻写作中，词语搭配也要具体情况具体分析。语言基本功，是写作的起点，写作是没有终点的。进入以写作为工作内容的新闻宣传行列，要多学习，更要多练习，不断提高语言功力。

## 不要带着疑问写新闻

在企业做新闻宣传工作，有一个大的特点，也是难点，就是编写内容专业跨度大，难度高。在涵盖了企业管理方方面面内容的新闻中，随时会遇到没听过或者没看过的新名词、新术语。遇到自己不明白、不理解，百度和字典查不到的名词和术语，一定要详细了解清楚，一定要向作者核实，或者向专业人士请教，自己清楚明白之后再来动手编写文章，不要带着疑问发新闻。

特别提醒一点，疑问有可能是自己不了解的新名词，也有可能是错误。

1930 年 5 月，毛泽东为了反对当时红军中存在的教条主义思想，专门写了《反对本本主义》一文，提出“没有调查，没有发言权”的著名论断，这是中国共产党党史上的 80 句口号之一。

“没有调查，没有发言权”同样适用于指导新闻宣传工作。采访是一种调查形式，我们把在调查中发现的有价值的材料，以新闻的形式写出来，提供给大众，有兴趣的受众可以自行阅读了解，因此必须把每一个字、每一个词都落到实处。

新闻不是专业技术报告，我们提供的任何一篇新闻都必须是真实和通俗易懂的。一篇新闻带一大堆受众看不懂的专业术语，即使所有术语正确也降低了新闻传播效果。

工作的过程同时也是学习的过程，是提高思想水平、扩大知识面的过程，这是新闻行业的一大优势。要充分利用好这个优势，多和作者沟通，多向专业人士请教，不要做“稀里糊涂、应付了事”的人。

## 微信评论是新闻宣传的重要内容，也是提高写作能力的机会

微信与网站、报纸等传统媒体相比，最大的优势是开放性和互动性。我们几个经常互相推荐好文章的朋友有一个共同的感觉，很多微信公众号文章下方的评论比文章本身更精彩。尤其是新闻类大号下方的评论区，语言或犀利或幽

默,观点或一针见血,或异想天开,有个词语形容得非常到位,叫作“神回复”。因此,做微信公众号,不能只注重推送文章,加强与粉丝的互动也非常重要。

微信评论与微博评论不同,必须经过管理人员的筛选后才能出现,可控性和导向性都比较强,因此可以作为新闻宣传的重要内容之一。我们可以通过发放奖品等方式鼓励、吸引更多的粉丝来参与。

企业微信公众号的关注者更多的是本企业的员工,新闻宣传工作的特点使得从业者对企业微信公众号的关注度和参与兴趣更高,这个群体还可以通过参与评论来提高写作能力和针对某一主题提炼观点的能力,一举多得。

评论虽然只有几句话,但是用几句话来表达感受和感想不是一件简单的事,不信你试一试。

## 会议新闻报道在于“高点和新意”,不能简单“报会”

每年春节过后,各单位都会召开年度系列重要会议,传达上级精神,安排部署年度工作,为全年的工作定调。多年来,通讯员发来的会议报道类新闻稿件停留在“简单报会”,年年岁岁重复着同样的模式。

每年年初的工作会和其他会议都传达了很多重要信息,通讯员们习惯了写“会议简报”,而忽视了会议新闻的重点。会议新闻报道的重点在于“传递有价值的信息”,在于“挖掘亮点”和“提炼主题”。下面这两个标题可以一目了然地看出差别:

1. ××公司召开2018年党风廉政建设和反腐败工作会

2. ××公司落实“三个一以贯之”原则,推进七项重点工作

你要是编辑,选择1还是选择2呢?

# 企业历史，是新闻写作的“靠山”

在企业做新闻宣传工作，参与者习惯于一事一报，无事不报，当下发生的事情当下报，过去发生的事情全忘掉。

新闻和历史的关系密不可分。有一句行话叫“今天的新闻就是明天的历史”，在企业也同样如此。每到年底做总结时，各部门总结中的亮点都是年度好新闻和重要新闻；每到举办企业年度庆典时，也是对企业新闻界积累资料的能力的考验。

反过来，历史资料同样可以用在当下发生的新闻事件中。越是重要的新闻，越需要背景资料的烘托。

靠山吃山，靠海吃海，企业历史就是新闻写作的“山”和“海”。当下发生的新闻事件，则是山上新长出的树，海里新出生的鱼。

第一种使用方式最简单，就是“炒冷饭”。结合当下发生的事情，把以往相关的内容联系在一起，既可以表达企业发展过程中取得的进步，也可以表达一种怀旧的情愫。怀旧，在企业中是比较受欢迎的一种情感表达。一起经历过的事情，一起奋战过的项目，在当年参与的人和团队中会引起深深的共鸣。但是在“炒冷饭”时，“冷饭”的选择和“炒”的火候是关键，“饭”要精，火候要恰当。联系事件不恰当会“夹生”，过分渲染会“糊掉”。

为了避免以上现象，我们可以在做之前多策划几种方案，多准备几种方式；也可以采访相关人员，让经历过的人讲故事、谈感受，会有意料之外的收获。

这种方式同行使用最多，可以借鉴的模板也多。有一家兄弟单位，每年都会把企业与黄河相关的资料“翻炒”一遍，创意点新鲜，当下事件与历史切入点契合度非常高，语言新颖，屡创屡新，每次阅读都会有不同的体验和感受。

第二种使用方式比较高大上，做相关专题的回顾报道。科技进展取得一项重大成果，我们可以把企业历年在科技发展方面投入的人力物力精力、科技发展方面的重大研究课题、与科技单位合作的项目和技术人员的精研苦思过程等内容整合起来，这样可以起到“既见树又见果”的效果。

年度生产经营结果报道，可以把企业近几年提出的重大战略目标、指导性经营思路和机制体制改革措施等写在文章中,可以丰富新闻内容,提升新闻高度。

第三种方式更直接。现在企业都有微信、微博、今日头条号等信息传播媒介,在这些媒介中可以结合热点新闻,讲述企业故事,传播企业理念。

在以上方式中,越是重大的事件,越是有意义的事件,使用效果越好。有一些有特殊意义、看似与主业无关的事件,也可以起到传播品牌知名度的作用。因此,在平时的工作中,注意收集相关的资料。

本人所在企业"非洲救大象的故事"曾经被几百家媒体转载。作为社会责任的代表性事件,以后也会在企业文化、"一带一路"建设、精神文明建设等稿件中,以不同的角度和站位出现。

没有孤立的新闻事件,每一条新闻都有一个发生、发展的过程。关注企业历史,关注过程,可以写出更精彩的新闻。

## 不做复制粘贴工作的文字搬运工

有一次,我收到一篇不能定义文体的稿子,既不是报道事实内容的消息,也不是"运用叙述、描写、抒情、议论等多种手法,具体、生动、形象地反映新闻事件或典型人物的通讯",而是在几个大型工程介绍中插入简要的企业简介。我把这种稿件的作者定义为"做复制粘贴工作的文字搬运工"。

现在网络非常发达,什么样的内容都可以找到。最常见的"文字搬运"类型是工作总结、述职报告和学习心得体会,导致我们的审稿增加了一道工作流程:各单位交上来的学习心得体会,在企业内部网站、报刊发表之前,必须先复制粘贴到百度上搜索筛查。如果有大段内容相同,就不予刊登。这些年,遇到过复制新华社、人民日报社论的,遇到过用几篇心得体会合成一篇的。有的甚至连行距、字体都不统一。

世界上不会有两片相同的叶子,每一篇文章都应该有独立的思想和独特的生命力。做了这么多年新闻宣传工作,同样体裁和同样题材的报道都遇到过。最有代表性的就是一年一度的工作会议,虽然会议名称只是换了年份,但是每次都有新的思想、新的观念、新的思路和新的语言。报道从来没有重复过，更不会让人觉得枯燥。这就是新闻宣传工作的意义所在，也是魅力所在。

写作是一项创意性非常强的工作，既然从事了这项工作，就应该尊重它，认真对待自己笔下的每一行文字，千万不要成为一个“做复制粘贴工作的文字搬运工”。

## 一定要写“会议指出”“会议强调”吗

会议是企业管理沟通的一种重要方式，重要到有专门研究提高会议效率和价值的书籍和系统。会议是企业新闻宣传素材的一个重要来源和报道对象。就像会议管理存在很多常见问题一样，会议报道也是通讯员来稿中最难处理的一类新闻。

最常见的一类问题是通讯员经常写“会议指出”“会议强调”这类句式，给人一种夏天戴棉帽子的感觉。我们分解一下句式，“会议” +“指出”是合理的主谓搭配吗？明显不是。

那么，我们是否一定要写这类词语呢？我思考了很久，查阅了很多类似的报道，结论是完全可以不用。

那些通知和分解工作之类的简单会议，我们就不讨论了。我们只讨论对企业管理有重要影响和意义的会议。

企业召开每一场会议都会有相应的主题，围绕着主题展开相应的讨论或者解决相应的问题，最后是针对问题提出解决方案，或者有针对性地进行决策。以上就是会议报道的主题和主要内容。

让大家了解事件相关信息，围绕该事件将要发生哪些事情，是新闻宣传的主要目的。也就是说，报道对象的主体不是“会议”，而是会议的主要内容。

会议报道的重点是做好内容选择。举个例子，某企业就“三项制度”召开了改革动员会，通讯员写稿时一般会用非常直白的标题——“公司召开‘三项制度’改革动员会”。实际上有一大堆好标题可以用——“三项制度改革来了”“三项制度改革动真章”“三项制度如何改革，让我们拭目以待”……类似的标题可以起几十个。

报道主体内容更是完全可以不用“会议指出”“会议强调”这类句式，直截了当地介绍将要如何进行三项制度改革，把关系企业员工切身利益的问题表达清楚就非常完美了。这样一说，大家是不是感觉可以把报道从会议中剥离出来了呢？

企业管理有一定的特殊性，不是每一场会议都可以进行报道。对于那些不适宜报道的会议内容，我们的通讯员会把会议做成大事记报上来。某年某月某日召开某某会议，某某人参加，等等，“会议指出”“会议强调”……简单笼统，不痛不痒，每次看了都让人无语。

新闻报道和大事记是两类不同的文体，不适合报道的会议就不写新闻，做成大事记就可以了。

会议报道写得好，可以非常精彩；写不好，顶多让人瞥一眼，或者让人连瞥一眼的兴趣都没有。

从现在开始，写好每一篇会议报道吧！

## 细节是“有价值的细”，不是事无巨细的“细”

我们经常可以听到“写新闻要注重细节”这句话，但是这个细节是有“新闻价值”的细节，是“有故事性”的细节，不是事无巨细的“细”。

在来稿中经常会遇到下面这种情况介绍：

本桥采用N米+N米+N米三跨钢筋砼拱桥，拱圈厚度N厘米，桥梁全长N米，全宽N米。

首件盖梁长N米，宽N米，高N米，浇筑时长N小时，浇筑方量N立方米

…………

如果是桥梁跨度或盖梁长度为全省第一、全国第一，哪怕是全市第一的大桥，写出来也是一种骄傲。普通得不能再普通的中小桥，就没有必要把具体数字交代得这么详细了。

企业新闻宣传有行业特点，也有企业特色，新闻细节应该和这两点结合起

来，突出企业在改革发展、管理创新、技术研发、党建工作、企业文化等各方面所采取的措施和取得的进展。以本人所在的施工行业一线项目为例，占据报道主流的工程进展动态和项目管理动态类消息，可以介绍技术创新措施，可以体现质量、安全、文明施工等细节，还可以讲述员工为保证良好履约而做出的努力。

有工程施工的地方就有新闻，最好的新闻离不开细节，但这个“细节”的“细”是有讲究的，是有选择性的，也是有温度的。

## 新闻的关键点是“新”，简报的关键点是“报”

企业新闻写作是一项专业工作，有专业素养要求。区分新闻与简报、总结、报告等文体的不同，能够以不同的文体写作，是一名企业新闻工作者的基本专业素养之一。

在日常工作中，经常混淆的就是新闻与简报。在我们所收到的稿件中，“某某工程项目部召开施工方案研讨会”“某某项目安装绿色环保围挡”，包括企业网站上泛滥的“某某召开某某会议”这类信息，都属于简报，不是新闻。

新闻的关键点是“新”，简报的关键点是“报”。新闻是要告诉大家发生了一件事，简报侧重介绍措施、办法。对于企业某一类管理工作或主题活动，一般采用简报的方式介绍新经验、新做法。主题活动被简报采纳，意味着该单位做得好，做法值得大家学习借鉴。

新闻和简报的受众不同。新闻面向的是大众，企业新闻面向的是企业内外的社会大众，虽然没有社会新闻覆盖面广、范围大，但传播目的和主旨是一样的。简报面向的是特定的群体，如财务管理简报，面向的主要是企业内部的财务人员；党建类简报，面向的主要是企业内部的党建工作人员。

新闻和简报的作用与目的不同。企业新闻的作用主要是利用新闻的传播作用，让员工以及大众了解企业的最新动向。目的可以用我们经常说的一句话来概括：内聚士气，外树形象，传播正能量，弘扬主旋律。简报的作用与目的主要是内部沟通与交流。

我们还是要知道一个基本事实：每天发生的日常工作不是新闻，但是日常工作中随时可能发生新闻，如具体工作中的阶段性成绩，某一类工作的重大革新，生产经营取得的新成果、新进展，为社会、为员工谋福祉的活动，领导讲话中提出的新的改革措施、新的战略方向，一线员工在工作中的优秀表现。

## 态度认真是写好新闻稿件的第一步

某天收到一篇主要领导到基层检查指导工作的消息。

这类稿件是企业新闻宣传最常见的报道之一，也是基层单位领导比较重视的报道之一。企业有严格的新闻审稿制度，按常理，这类稿件不应该出现问题。

但是，这篇带有多重问题的消息在通过层层把关后出现在网站上。

第一个问题是内容过于简短，没有写出重点。领导到基层检查指导工作，察看生产现场，与现场工人交谈，开座谈会等是基本流程，针对项目问题提出指导性意见和建议，并对项目管理工作提出建设性要求等都是要介绍的内容。提炼总结精彩讲话后，完全可以写出一篇对所有基层单位的工作都有指导价值的消息。

第二个问题是用词不当。“巡视工地”，词用得太大了。“项目负责人表示，项目将严格落实会议部署”，请告诉我，哪里来的会议部署？

第三个问题是内容重复。领导提出的几点要求几乎是重复的，前面讲到“提高质量”，后面再讲“重视质量”；前面写了“要重视安全管控”，后面再写“进一步加强生产安全管理”；等等。同样的内容分别写在一、二、三、四里，看得人像走在文字迷宫里，直头晕。

领导检查这类消息，基本事实清楚，事件发生过程流畅，讲话内容契合基层实际，接地气，不需要采访，不需要研究事件发生过程和背景，结果一般皆大欢喜，对通讯员来说，是最好写也是最讨喜的一类稿件。这篇稿件写成这样，只能说通讯员没有认真对待。

有一个词叫“流于形式”，这就是一篇“流于形式”的稿件。领导来了，通讯员简单写几句报上去，工作就算完成了。

要做好任何事情，认真都是必要的态度。认真是一种态度，意思是对事物做仔细的处理。对于领导检查这类新闻稿件,通讯员必须认真对待整个事件过程和写作过程。从领导到基层开始,领导所讲的话、与基层同志的互动等都是写作可以选择的素材。

确定了写新闻稿件,就不要再去做其他事情。有的通讯员在领导讲话时不记录、不分析,把录音笔放到会议桌上就去做其他事情了。我们以前说过,现场感受也是新闻的一部分。

我个人总结的经验是:领导讲话和开会时专心听会、专心记录,结束时,分清哪些要写、哪些不写,哪些详写、哪些略写,报道内容即可基本确定。写好新闻稿后,再核对一遍录音,校正文字。

认真对待新闻事件,是写好新闻稿件的第一步。迈不出这一步,就写不出好的新闻稿件,也提高不了写作水平。

## 天下新闻,唯快不破

电影《功夫》里火云邪神说过:天下武功,唯快不破。企业新闻也是同样的道理。但是我在企业新闻宣传工作中,总是会感受到慢悠悠的工作节奏。

新闻宣传本来是一类节奏快的工作,“急惊风遇见慢郎中”会带来不良后果。

慢的第一个直接后果是会被领导批评。

曾经有一篇事件性质很重要的新闻,相关单位半个月以后才把消息报送过来。登,还是不登?这算是个问题吧?与通讯员联系后,通讯员解释说,当天就把稿件放到领导办公桌上了,一直在等领导回复。结果是一直等到领导的领导不断催促,领导才过问,最后在领导办公桌上堆积的文件中翻出来。领导看了一眼,就催着快发稿子。

因为是企业内部新闻,要顾及领导的情面,所以最后把时间改为“日前”就发在网站上了。结果上一级分管领导还来质问:“怎么这么长时间才发?”作为编辑,只能哑口无言,在心里默念:不解释就是最好的解释。

作为编辑,即使有再多的激情也不可能关注到企业日常运行的方方面面。

通讯员的新闻意识和工作作风,影响着新闻宣传工作的效能。把写好的新闻放在领导办公桌上只是工作的一个过程,不是终点。这位领导不在,通讯员可以打电话联系相关领导,或者让其他领导把关;也可以和编辑联系,按审稿管理制度分类执行。如果是一般事件,编辑部把关,审核通过后就可以发;如果是重要事件,或者新闻有敏感点以及其他问题,通讯员可以直接找上一级分管领导审阅把关。

慢的第二个后果是影响工作效率。

在企业工作,会议结束或者采访结束以后,手头往往还有其他工作要做,通讯员习惯于把手头的工作做完,再来写相关报道。但是他们没有想过,写新闻才是手头亟须了结的工作,而且是需要认真思考、认真做好的工作。

有时候正好到了下班时间,反正稿子也不急,通讯员就会先回家,第二天上班再来处理。结果,第二天上班后,一堆工作压过来,领导还有可能临时安排出差,各种事情导致稿件一拖再拖。等到有时间了,把笔记本或者录音笔拿出来,发现已经找不到主题和思路了。重新看记录,听录音,不要说影响工作效率了,这简直是没有效率的工作。

慢的第三个后果是影响新闻质量。

写新闻,一定要趁热打铁,采访结束后抓紧时间写。时间一长,采访互动时产生的激情会消失。感受在心,感情就在,等热乎劲过去了,写出来的就只剩下"字"了。

大家看看艾宾浩斯记忆曲线会发现,遗忘是一件很快的事情。事件发生时,脑子里很多的记忆与思考很快就会淡忘。事后挥笔而成的消息与隔一天再写的消息,在流畅程度与逻辑上都有很大的差别。

工作作风不是一天养成的,工作习惯是受个人意识影响的。先在思想上树立"新闻要快写"的意识,克服懒散拖延的习惯,才能从整体上提高个人的工作效率。

# 要建立自己的写作和编辑“燃料库”

要做好企业新闻宣传工作，就要有一定的阅读量做基础，还要经常进行有目的的阅读，建立自己的写作和编辑“燃料库”。

“燃料库”的重要来源是阅读、采访和写作。

阅读是写作的老师和朋友，离开了阅读，写作就成了无源之水、无本之木，是不可能发展下去的。企业新闻宣传工作者，必须与阅读终身为伴，要阅读文学著作，阅读政治理论类、企业管理类、新闻写作类书籍和文章，以提高理论水平；要浏览网络流行文章，关注时事动向，将理论运用于实际；要积累一定量的唐诗宋词，提高文学功底。如果有能力，还要阅读英语文章和新闻，开阔视野，了解国际时事，在企业国际化发展的趋势下，为新闻宣传工作助力。

采访是写作的前提，也是深入了解企业发展现状的方法，同时也可以为从业者积累写作素材。认真对待每一次采访，多了解、记录相关情况。企业的发展是延续的，这一次用不上的素材，可能在下一次或者几年后甚至是十几年后成为新闻的亮点；即使这一次用上的素材，以后也可以在不同的新闻报道中多次使用。

写作是新闻宣传工作者的饭碗，每一篇消息、通讯都是企业发展过程中的事件之一，也是从业者前进的一个个坚实的脚印。通讯员不仅要写消息、通讯、特写、纪实等新闻类文章，也要写散文、随笔等文学类文章，以锻炼自己的笔力。如今，我从业近二十年，已经写了200多万字。有时候写关于企业发展的文章，或者编辑通讯员写的文章，事实不足需要补充材料时，我脑子里立刻会想起一堆自己写过的材料，这些都是写作和编辑的“燃料库”。

阅读是美好愉快的事情，写作虽然是辛苦的，但是每每回过头去看自己写的那些文章，是一件既美好又愉快的事情。

## 写企业管理新闻重要的是让别人明白，不是让自己明白

企业新闻写作以企业所涉及的生产经营和管理为主要内容，覆盖面广，内容庞杂，专业术语分门别类。面对一篇通篇是深奥的专业术语的消息，十分头大，我只能深呼吸，让自己镇定下来，再联系作者修改。联系的结果一般是作者强调自己写得很明白，不需要修改，少数作者会按照“通俗易懂”的要求愉快地修改。

以本人所在的施工行业为例，企业管理内容主要包括经营、工程技术、施工管理、合同履约、财务资金、安全环保、设备物资等几十项，细分一下还会更多。如果摆一堆专业术语出来，大家看得云里雾里，这种新闻是起不到良好的传播效果的。

关于企业新闻宣传的作用，当下被广泛认可、广泛传播的是“对内，凝聚人心，鼓舞士气；对外，展示企业形象，提升企业的美誉度、知名度”。此外，我认为企业新闻宣传还有掌握内部管理进展、传播各行各业最新动态的作用。例如，生产经营取得了什么样的重要成果？设备物资管理最近有哪些创新举措？安全环保管理最近有什么重要进展？等等。只有这些具体的可以感受到的创新与进展，才能使内部员工和社会各界人士真切地体会到企业的发展，才能真正起到为企业发展鼓与呼的作用。

我们在中学时期都读过这样一个故事：唐朝著名诗人白居易，每当作好一首诗，总是先念给牧童或老妇人听，然后再反复修改，直到他们听了拍手称好，才算定稿。据说，日本人喜欢白居易的诗的理由是其诗直白易懂。

通俗易懂是企业新闻写作的要求之一。企业新闻宣传报道，重要的是让大家明白，而不是自己明白就可以了。

# 如何区分新闻和信息

从事企业新闻宣传工作,一定要把新闻和信息区分开来。

新闻和信息的相同之处是讲述事实,但是在写作目的、写作方法和传播范围方面有不同的要求。

**一是写作目的不同。**

信息的写作目的是向领导或者上级单位汇报工作的开展情况,企业新闻的首要目的是宣传。

**二是写作方法不同。**

信息只要说明白“发生了一件什么样的事”就可以了,语气平淡,语言越简练越好,作者可发挥的余地不大。例如,“1 月 1 日,春天项目完成 30 名员工入职安全培训。本次培训为期三天,讲授现场安全文明施工、安全装备配戴、用电安全等内容”。

新闻可以有多种写法,可以写成消息,也可以写成人物特写;可以写成故事,也可以写成散文,作者可以发挥的余地较大。以同一个事件为例,消息开头可以这么写:“1 月 1 日早晨八点,新员工小李准时来到春天项目报到,热情的接待员告诉他在办好入职手续后,先到项目大会议室和其他的新入职员工一起,接受为期三天的入职安全培训。”接下来用小李的视角讲述三天内学习了哪些内容,有哪些感受。开头还可以这么写:春天项目的 30 名新员工入职第一天,接受了一场安全大洗礼。如果使用其他文体,还有更多的变化方式。

**三是传播范围不同。**

信息有特定的传播范围,一般有特定的传播对象,有的还有一定的保密要求;新闻则面向大众广泛传播,传播范围越广越好。

做新闻宣传工作,要多写内容精彩、语言凝练的优秀新闻,不要写来写去,只会写信息这类文体。

# 用平等的眼光对待新闻事件

与通讯员聊写作内容时，我多次听到“都是小节点，没什么可写的大事”“都是日常工作，没有什么重大事件，也没有什么创新”等类似的话。

每一个节点目标的实现都是各项管理的综合结果，是许多人辛苦努力的结果，包含着很多不易被人发现的新闻点。有工作的地方就会有新闻发生。就“实现节点目标”这个事件来说，可以写管理方面的动态消息，可以写现场管理特写，也可以写人物通讯、工作通讯和风貌通讯。

创新不是“创造新东西”的缩写，不断更新、完善、改进也是创新，是更符合企业管理需要的创新。日常工作中的每一次革新、每一个进展，都是企业新闻宣传应该关注的内容。

新闻写作是需要具备一定写作实力的。“小事不愿意干，大事干不了”是眼高手低的表现，做新闻宣传工作也是同样的道理。如果小事件不愿意写，你遇到大事件也不一定能写好。

我个人在工作中总结了一个观点：写得出好新闻的人能写报告，但是能写报告的人不一定写得出好新闻。工作中也屡有案例验证这个观点。为什么？因为新闻是独立创作，没有任何借鉴，用文字把一个或者若干个事实介绍清楚即可。报告则不同，有很多的参考资料，有很多人参与，要表述很多人的观点，还有可能是很多材料汇总而成的。

请记住，“高不成”有位孪生兄弟名叫“低不就”，只有用平等的眼光看待事物，事物才会反馈给我们正确的信息。就企业新闻宣传工作来说，事件有主次，新闻无大小。每一个事件，无论大小，都是我们的写作对象；每一篇新闻，无论大小，都是需要我们认真对待的文章。

## 套路自有套路的道理

每个单位都有大大小小的各种会议，讲话稿是会议准备的主要内容。单位准备开年度新闻宣传会议时，为了练兵，编辑部列出提纲后会让年轻通讯员执笔。

拿出的第一稿存在的第一个问题是“大纲小目”不清晰，导致没有讲话稿的气场。以年度新闻宣传工作会为例，讲话稿的大纲应该是“一总结、二不足、三部署、四要求”：第一部分总结成绩；第二部分写存在的问题和不足；第三部分写下一步工作部署与安排；第四部分提出要求。在每项“大纲”下再根据内容安排若干个“小目”。

层次是讲话稿的命脉，“大纲小目”决定着讲话稿的层次是否清晰，逻辑是否严密。

第二个问题是“头太重，脚太长”。开头拖拖拉拉地写了近一千字还没有进入主题，结尾又拉拉杂杂地写了近一千字，让人看得一头雾水。讲话稿开头一定要开门见山，简明扼要地交代清楚会议主要任务后快速进入主题；结尾要干脆利落，掷地有声，越短越好。

以上所讲看起来是套路，但套路自有套路的道理。大家都认可的套路，可能是最简捷、最有效的方法。

写讲话稿不易，且写且珍惜。

## 感情是新闻写作的升级密码

俗话说“文如其人”，每一位作者都有自己独特的、与众不同的感情密码，都有独一不二的文体风格。面对同一位员工、同一个事件，不同的人写出来的文章，从内容到内涵，都会有很大的区别。

用心、用脑、用感情是新闻宣传工作的性质决定的。新闻是一种特殊文体，既要求实事求是，又要求作品出彩。想要作品写得出彩，就必须有个性化的思考和个体化的感情。我们想到李白，就会联想到浪漫；想到李商隐，就会想到伤感；想到柳永，就会想到“凡有井水处，皆能歌柳词”……现代作家同样如此，在此不一一列举。

企业新闻，只要用心写，同样可以形成不同的个人风格，要么文风洒脱，要么文风细腻；要么思想性强，要么可读性强。

新闻不是流水线产品，不带感情地写作，不仅可读性差，时间长了，自己也会从心底里产生厌烦情绪，一份原本可以多层次、多角度地体验人生的工作就会成为负累。所谓“干一行，恨一行”，原因就是不喜欢、不带感情地工作，导致产生厌烦情绪。

新闻写作是用文字还原事件发生的过程，因此在写作过程中不可避免地带有个人感情色彩。对事实的理解程度决定了文章的还原程度，而感情决定着新闻的写作质量。在《县委书记的榜样——焦裕禄》中，我们可以感受到作者炙热的感情。

所有成绩，都是人创造的，他们付出了心血和汗水，做了大量的工作。用心做的每一件事都是好故事，都值得用文字记录下来。要做好新闻宣传工作，写出好新闻，一定要有热爱写作的情怀。对写作的热爱是提高写作水平的升级密码。

## 工作总结中可以提炼出新闻

年底到各二级单位去检查工作时，我在各单位的汇报材料中发现有很多好的新闻宣传素材没有报道出来。例如，各单位都建立了党建工作和党风廉政建设微信群，使通知、学习材料等各类文件发送更加及时，还可以把重点要求和关键内容复制出来，单独发送。文件接收更方便，反馈形式也更新颖。大家可以直接在群里讨论，就连群的名字，也都起得新颖有创意。这是充分发挥互联网优势开展工作的代表性事件，但是从来没有人报道过。在宣传群做了一个集体采访后，我写了一篇消息《微信群成为公司党建工作和党风廉政建设新阵地》，介绍了各单位用心、用情开展工作的做法和取得的效果。

这只是一篇消息稿。在其中一家单位，我们找到了新闻宣传的"素材库"。

这是一家由原来的几家老单位整合后成立一年多的新企业，平时的宣传报道不太多，都是"小豆腐块"。检查工作的过程中，我发现这家企业在"人文关怀"方面做了很多事情，为全体员工更换了高清大屏曲面电脑，办公室全部换了护眼灯，读书写篇读后感都会有奖励措施，等等。每一件事都可以独立成篇，写成消息，综合起来还可以写以"人文关怀"为主题加强企业文化建设的通讯。尤其是党建"三基建设"开展得扎实有效，就连一本《党支部工作手册》都可以作为亮点单独拿出来写。

不用带团队外出采风了，我们新闻中心轮番上阵，写了长消息，写了工作通讯，写了人物通讯，还做了一条精彩的图美、文美、动人心的微信。

## 例行活动先寻找不同、创新和重点

企业有一些会议和活动每年都要举行，如工作会、技能比赛、质量月。这一类活动的宣传报道，容易陷入例行公事的陷阱，无论报道形式还是内容都很难吸引人。

年年岁岁花相似，岁岁年年人不同。活动还是一样的，但是从内容到环节都会发生一定的变化。人是所有活动的主体，虽然是年度例行活动，但是因为主办人、组织者和参加人不同，以及时间地点的变化，活动形式、内容和影响力也会有很大的变化。新闻需要关注的主要有两点：一是主题，二是变化。

在例行活动报道中，第一步要做的是了解主题，然后围绕主题深入采访活动的全过程和内容，从中寻找与以往活动不同的地方，有哪些创新，重点是什么。这些不同之处、创新和重点就可以作为宣传报道的主要内容。

为了把例行活动报道出新意，我们可以采取以下两种方式。

第一种是更换写作体裁。新闻的写作体裁多种多样，如果上一次报道采用的是消息，这一次可以采用通讯或特写，特别重要的活动还可以采用综合的形式或者述评的形式进行报道。体裁的变化本身就会给人耳目一新的感觉，而且随着体裁的变化，报道内容和语言表达方式也会发生相应的变化。

第二种方式是换人。不同的人看问题的角度和思考的方向、深度不同，写出来的新闻自然也不会相同。

## 写得了总结，不一定写得了新闻

在一些大企业中，除新闻宣传工作外，还会有各类工作报告、工作总结、规划方案等文字材料要写。虽然这些都属于文字工作，但是各有各的不同，各有各的路数。如果有了“大企业病”，这些岗位之间基本上是井水不犯河水。

其中，唯有工作总结例外。企业的每一个管理岗位，都会遇到写工作总结这件事。即使不要写单位工作总结和部门工作总结，也有个人工作总结要写。

总结的主要目的是要展现一年或者一段时间的工作成果，把某个期间工作的主要内容列上，取得的成绩是亮点，创新是亮点，困难和经验是特点，下一年度工作计划是焦点。有什么写什么，写得好可以展现一个人的写作能力和总结能力，写不好只要能写出来也可以过关。我见过的最简单的工作总结是把自己一年所做的主要工作用“1. 2. 3.”等数字罗列出来，只展示人们喜欢的“干货”，文章结构一目了然。这也是一种不错的工作总结的写法。

新闻要把一件事或者几件主题相同的事件说明白，强调概括性，又要写出精彩的细节；结构强调逻辑严密，行文还要有文采。与总结不拘形式的随意性不同，新闻有文体限制——消息、通讯、评论、特写、调查报告、专访等，通讯还分为人物通讯、工作通讯、风貌通讯等多种类型。

最重要的区别只有一个：工作总结不发表出来，新闻需要在内外部媒体上发表出来。随着媒体级别的提高，对写作水平的要求也会越来越高。就像一个人在家里和外面穿衣服的区别一样，在家里可以穿睡衣，但外出对着装就有要求了。在企业内部媒体上发表文章就像我们在小区里遛弯，可以穿得简单随便一些；要是在企业外部媒体上发表，就像要参加会议一样，必须穿正装，要穿得正式一些才行。

我有一些工作经验，也可以说是工作感受：写得好新闻报道的人写得了总结和报告，但是写得好总结和报告的人不一定写得了新闻。这是我在多年的企业新闻宣传工作中总结出来的经验。

从事文字工作的朋友，要重视工作总结和报告，但也不能轻视新闻报道；要多多学习、练习各种文体写作，打好写作基础，这是成长的正途。

## 提高会议新闻写作效率，减少加班时间

会议宣传报道是企业新闻宣传工作的“重头戏”，是形势任务教育的重要内容，尤其是年初的工作会议更是企业宣传报道工作的重中之重。迅速、精准地传达会议精神，可以说是对新闻宣传工作者能力和素质的大考验。

我们尽量在会前写好讲话稿，通读几遍，用自己日常练就的火眼金睛找出新的提法和新一年工作计划中的亮点，用笔画出来。在会议召开过程中与领导讲话同步对照。对于自由发挥的部分，要备注并记录下来，并根据情况决定写还是不写。

如果你还没有练出一双火眼金睛，那就抓住难得的参会时机，仔细听、认真记，多听听参会人员的讨论和发言。“群众的眼睛是雪亮的”，大家的关注点在哪里，新闻点就在哪里。

在准确把握会议精神的同时，精、准、快是新闻写作的标准和要求。领导讲话一般分为两部分：上一年度的工作总结和下一年度的工作安排。工作总结部分只提炼精华中的精华就可以了，例如，获得的高级别荣誉、取得的显著成绩和重大进展。把写作重点放在工作安排部分。这一部分也不能照搬照抄，要摘那些有创新性的举措和年度系统性工作部署，例如“四个重点、五项任务、七个着力”等用数字总结的内容，以及重大战略安排。

有的会议会有多位领导讲话，有的领导会临时发挥，没有讲话稿。遇到这种情况，写新闻稿时就不要再按顺序从开头写起，而是先把领导的讲话部分写出来，发给本人审核，再写会议其他部分。领导审核与新闻写作同步进行，与把整篇报道写完，再发给诸位领导审核相比，不仅自己的工作效率大大提高，而且节省了领导的审阅时间。

会议报道通常需要加班完成，所以提高工作效率就是减少加班时间。早做

完早回家,值得动脑筋思考。

## 会议新闻必须有作者独立的思考

几年一度的领导班子换届会议交给新人写之前,我都会安排他(她)看以前的同类报道,参考其他单位的相关新闻,还讲了以往此类报道中出现过的经验教训。

事实告诉我,第一次写很难写好文章,即使做了以上准备,写出来的消息,问题还是层出不穷:上一段和下一段感觉接不上,关于领导职务变动的表述不准确,领导讲话整合不到位,等等。

主要原因是作者没有独立思考,没有深入研究报道对象的重点在哪里,只是把会议按照议程从头写到尾,中间加上几段领导讲话。

领导班子换届是需要慎重对待、用心采写的会议新闻,与其他会议的不同之处在于人事变动。如果变动不大,写起来相对容易;如果有退居二线的,有新提拔的,有调整岗位的,就需要进行一番深入的思考与研究。首先要看文件是怎么写的,听领导是怎么讲的,研究党委文件与行政文件的措辞有什么不同,重点在哪里,等等。经过大脑思考和用心选择后写出来的消息,质量一定比一段一段地拼凑起来的文章高。

其他会议也是如此,先要找到会议的特点和重点,然后决定用哪种文体进行报道。领导班子换届可以用消息和评论两种文体;工作会议可以用消息、通讯、特写、专访、侧记等多种文体进行写作。

每一项工作都有一些只可意会不可言传的东西。同样的工作流程,领导交代的同样的工作,不同的人做出来总会有不同的差别。文章写作更是这样,除了需要工作经验,还需要作者用心学习,用大脑思考。

遇事多问几个为什么,总不会错的。

## 无论是文章还是标题，不要怕也不要烦修改

年轻的同事写的人物通讯经过三遍大改多遍小改后，终于发表了。有读者反馈说：文章写得不错，文笔流畅，可读性强，可以看出文字功底不错。我把读者的评价告诉年轻的同事后，她非常开心。实际上，如果不是她实在是改不动了，我还想让她再动一下“手术”，把文章里拉拉杂杂的形容词再去掉一部分，把有代表性的故事再进一步完善一下，把那些讲不深、讲不透，感觉像凑字数的细节删掉。

改别人的稿子容易，改自己的稿子难，难就难在不舍得删。但是修改自己的稿件是一件应该下功夫的事，每改一遍，就等于重新梳理了一遍思路；每大改一遍，都要让采访素材在大脑里再过一遍；每一次修改，都是一次写作感觉的更新，都是一次文字综合能力的提升。

“有孩子不愁长，有稿子不愁改。”作者投来的稿子差了要返回去修改，自己写的稿子也不要一遍过关，从文体到文字都可以多修改几遍。长篇可以改成短篇，短篇可以提炼新闻点和精华部分，再补充采访，改成长篇；如果素材丰富，消息可以改成通讯；如果故事性不强，通讯可以改成消息。这来来回回的修改，就是经验积累的过程，就是能力提升的过程。

## “人靠衣服马靠鞍”，新闻效果靠文体

新闻是一种多文体写作。同样一个新闻事件，可以写消息，可以写通讯，可以写侧记，可以写述评……要看新闻事件与哪一类文体更契合。这中间应该有一个思考和选择的过程，不能把所有的新闻事件都写成消息，也不是所有的新闻事件都适合“消息”这个大众最熟知的文体。

本人所在企业修建的一条公路上举办了一场国际马拉松比赛，项目领导要求写消息。从题材来分析，即使写一篇长消息也表达不出事件的影响力和意义，既写消息又写通讯就会显得重复、累赘，因此写一篇中等长度的特写是最适

合的。

派出去的记者回来，向我介绍了情况。听完情况介绍，看了现场拍摄的照片后，我提出再补充一篇记者本人的采访手记，从记者个人的角度写一下对公路和马拉松比赛的感受。

一篇微信公众号文章、一篇特写、一篇记者手记，从三个不同的角度介绍同事参与组织马拉松赛事的全过程，记录了马拉松选手们在新修建的公路上激情奔跑的场景，互为补充，相得益彰，达到了一篇消息无法达到的效果。

如果说事件是新闻的身体，文体就是新闻的外衣。“人靠衣服马靠鞍”，新闻事件要靠文体来提高表达深度和影响力。

## 中标消息特别需要四个字——实事求是

中标消息对施工企业来说是排在第一位的新闻。中标是企业生产经营的核心工作，是企业管理效能的探照灯。

每一篇中标消息都需要四个字——实事求是。有什么写什么，是什么写什么，杜绝夸张的形容和各种猜测，合同额和中标时间必须与中标通知书一致，这也是企业诚信经营的体现。

中标消息不要提前报，要在甲乙双方签署合同之后再写消息。有的单位在公示期间就发布了新闻，但是公示期间出现了问题。网站上的相关报道可以撤销，但是发布报道的报纸出版了就只能收回销毁，微信公众号上可以删除内容，但无法删除标题。

实事求是是最好的工作态度，也是新闻报道必须坚守的原则。中标消息，这是需要慎重对待的新闻报道，尤其要重视事实和满足事实的条件，否则会带来很多原本可以避免的麻烦和系列问题。

每写好一篇消息，问自己一句话：有没有实事求是地记录？

## 拒绝采纳稿件要给出合理的有说服力的理由

不是全部来稿都能被企业内部媒体采纳。稿件发来之前都经过了所属单位领导审核。在作者和所属单位领导的思想里,稿件是可以并且必须发表的。因此,各单位、各部门投到内部媒体的新闻稿件未被发表时,相关人员会来询问原因,宣传部门要给出合情合理的有说服力的理由,让对方理解并接受,不能生硬地一拒了之。

作为企业内部媒体编辑,要想做到合理解释说明稿件未被采纳的原因,和通讯员达成共识,可以重点从以下三个方面着手。

第一,编辑必须坚持稿件采纳原则,要一碗水端平,不能厚此薄彼。对于达不到发表要求的稿件,熟悉的人给发,不熟悉的人就不给发,这是典型的厚此薄彼的做法。有的通讯员会在线上线下反复联系编辑,强调自己的工作难处,编辑一时心软就会给予发表,引起其他单位不满,带来一系列的后续问题。编辑一定要记住,内部媒体面向的是企业全体员工,稿件如何处理会产生放射性反应。公平处理稿件是第一原则。

第二,和通讯员沟通要有耐心。编辑不但要解释清楚稿件为什么不能采用,如果新闻有进一步加工的价值,还要和通讯员讲解稿件要如何改写才能被采纳。通讯员投来的稿件,大多数是消息,有的连消息都算不上,只是一篇简单的信息,但是如果换一个角度或者文体写就是非常好的通讯或者特写。把对稿件未被采纳的解释说明,变成一个双方讨论解决问题、共同提高的过程,编辑自身也会从中受益。

第三,作为编辑,要不断提高自身的新闻理论水平、写作编辑能力和自身的修养。只有写得出优质新闻稿件的编辑,才能成为一名高水平的优秀编辑。因此,不断提高自身的新闻理论水平、写作水平和自身的修养是企业媒体编辑的终生事业。

## 宣传片的每一帧画面都应该是企业发展的精华

宣传片是企业宣传的"重头戏"之一,也是精华内容之一。一部宣传片的影响力比企业网站大得多。制作一部精良的、在企业发展历史上有一定影响力的宣传片,是每一位新闻宣传工作者的追求。

面向社会、业主和关系单位播放的企业形象宣传片长度为3~5分钟比较适合,既能达到企业领导层的期望,也能满足美感和节奏的需要。

制作技术不是我的特长,我主要谈一谈解说词和镜头内容。企业宣传片一定要把企业的精华部分展现出来,不要追求面面俱到,而要以"精、特、美"为目标,要"高大",不要"全"。

在政府部门或其他单位到企业走访时,宣传片的作用就体现出来了。宣传片时间太短,人的情绪调动起来后还来不及平复就结束了,显得太仓促。3~5分钟看完片子,脑子里还可以思考一下,留下的印象正好作为会谈的谈资。

电影放映的标准是每秒放映24帧,也就是说电影每秒放映24幅画面,可以达到动画的效果。宣传片可以借鉴该标准,也可以根据内容放缓速度或加速,画面放慢可以起到抒情的作用,快进可以达到提高感受力的效果。无论哪一种形式,都要保证画面的美感和震撼力,以达到传播效果。

制作一部精良的宣传片耗时、耗力、耗钱,多做访谈,用心体验企业文化,提炼总结出能展现企业灵魂的历史节点和故事,力争使每一个镜头表现的都是企业发展的精华。

## 不做"跑堂"编辑

如果说写新闻的通讯员是"做菜的厨师",读新闻的受众是"品菜的顾客",那么作为记者和受众之间的联络通道,编辑起着"传菜员"和"服务员"的作用。但是,企业新闻编辑要记住,这只是工作内容之一,不是全部。更重要的工作职责是做好新闻宣传工作策划,引领新闻宣传工作发展。

在企业做新闻编辑工作，无论是从职责要求和个人发展来看，还是从工作发展方向来看，政治素质、主题策划能力、动手写作意识和能力等内容的重要性都不亚于编辑这项工作的重要性。

企业新闻宣传工作有一定的特殊性。分工不细，人少活多，一人多岗等原因会使人忽略新闻宣传工作的广度和深度要求，受岗位限制和重复工作的影响，企业中常常出现一种现象：编辑坐在办公室里等稿件，把通讯员报送来的稿件简单编辑后在内部媒体上发表就万事大吉。这实际上在无形中把工作内容单一化了，同时弱化了工作职责，给人留下“编辑工作很好做”的印象。实际上，不是企业新闻编辑工作容易，而是编辑把工作简单化了。

在日复一日、年复一年的稿件编辑工作中，别让自己成为一个单纯的“跑堂”。编辑要关注企业管理变化，注重更新业务知识，重视日常新闻宣传策划，在工作中不断推陈出新，成为新闻宣传工作乃至企业文化建设、精神文明建设等工作的“菜系总设计师”和“菜品创意和设计更新师”。只有这样，个人才能得到成长，工作水平才能更上一层楼。

## 写稿子要推敲，编辑修改稿件更要推敲

一篇写年轻员工的人物通讯，把一位刚参加工作两三年的大学生比喻为“归隐山林的老者”“超脱尘世的禅师”，太夸张了。年轻人冲劲十足，正值激情满怀地干事业的大好年华，这篇通讯的主人公还是一位表现十分出色的年轻人。这样比喻显然不恰当，也不合理。

作者想表达的是主人公心胸开阔、任劳任怨，但是比喻超出了主人公的年龄与阅历。

这篇文章是在某企业网站上看到的，说明编辑没有认真审稿。在稿子发表的整个过程中，写作是第一关，编辑是第二关。作者写完文章要静下心来修改、推敲一番，编辑在编辑的过程中也要认真审阅、推敲。

以下是一篇散文的修改过程。

（原文）想起多年前第一次喝普洱时，那种腐败的味道似乎犹在唇齿间……

作者用“腐败的”三个字想表达的是普洱的呛味儿。编辑做了如下修改：想起多年前第一次喝普洱时，那种醇香的味道似乎犹在唇齿间……

作者提出编辑的修改改变了原意。确实，普洱茶的味道无论如何不能用“醇香”来形容。根据作者意见，编辑再次进行了修改：想起多年前第一次喝普洱时，那种腐叶的气息似乎犹在唇齿间……

作者同意编辑的修改，认为这样形容更贴近感觉，也更贴近事实。

文字准确到位是硬功夫，需要练习，更需要推敲。文章不能拿过来看两眼就发表，编辑要认真仔细地至少看两遍，最好多看几遍，修改明显的错误。有不明白的地方，编辑要和作者联系沟通，确认后再进行修改。

一代大师汪曾祺说过：“如果平日留心，积学有素，就会如有源之水，触处成文。否则就会下笔枯窘，想要用一个词句，一时却找它不出。语言是要磨炼，要学的。”

## 自己满意之前，别把稿子交出去

一个非常重要的新闻事件发生后，我们希望收到一篇写得非常精彩的稿子，但收到的稿子只能算是一个“半成品”，作者把时间、内容列上就匆忙地发了过来，语言没有逻辑，事情也没有说清楚。作者说怕耽误了报道，就匆匆忙忙地交了上来。结果还是耽误了报道，而且耽误了更长时间。稿件得重新写，编辑还得帮着理清思路，核实细节，反而耗费了更多人力。

新闻稿件发表后，我问作者：“你对自己的第一稿满意吗？”作者回答：“不满意，当时着急。”

自己不满意的稿子，或者说文章修改完善之前，不要交出去。我们只是编辑，看到一篇不满意的“草稿”第一反应是联系作者修改完善，如果领导看见你的稿子写成这样，下次还敢用你吗？

每一篇新闻稿，哪怕是最短的简讯和标题新闻，都体现着我们的工作态度；每一篇新闻稿，都体现着一个人的综合能力和素质，所以值得我们认真对待。

新闻当然要快，但是我相信没有编辑会着急到采用一篇看不明白的“草稿”。比起反反复复地联系、沟通、修改,编辑们肯定更想要一篇思路清晰、精练优美的文章。

写好新闻稿后,多修改几遍,事实确认无误,文字表达到位后,再发出去,这是每一个通讯员需要培养的良好工作习惯之一。

## 企业公众号的每一句话都来之不易

企业公众号每推送一篇文章,从开始策划一直到推送完毕,标题的修改过程贯穿始终。编一条微信,起十几个标题是平常事,列出几十个标题也算常事,甚至列上百个标题。但文字工作就是这么辛苦,并非做到百里挑一就会有满意的结果,最喜欢的往往是脑子里灵光一闪跳出来的那一个。

经常想破了脑袋也没有想出来对胃口的标题,只好将就着发了。总是文章刚刚发出,脑子里那个灵光一闪的“最喜爱”就来了。

人生是遗憾的艺术,诗歌是遗憾的艺术,教育是遗憾的艺术。做了企业公众号以后才知道,没有遗憾的艺术是不存在的。给微信起标题也是遗憾的艺术,永远找不到最完美的。

不只是标题,微信的每一句话都来之不易。想要开头紧紧把人吸引住;过渡段引人入胜,让人读下去;结尾点题,又有高度。但是,这三点中做到其中一点都难上加难,都要绞尽脑汁。想要三者兼得,只能依靠灵感之光了。

依靠灵感之光写出来的文章都是有感而发的精华之作。但是,天天做的事情,哪有那么多灵感之光?哪有那么多精华之作?

企业微信,既想接地气,又想稍微端一点儿架子,严肃一点儿。要简练,要精粹,要吸引眼球,还想保持优雅,高雅一点儿的形容是“最好通俗与优雅兼具”。而鱼与熊掌的故事,在这里不会成为可以兼得的传奇。

可以说,企业公众号的每一句话都来之不易。

# 第五章 写作有笔力

从业二十多年，观察了几百位从业者的工作状态和发展路径，个人认为就新闻宣传工作的性质来说，喜欢企业比喜欢写作更重要。这是经验，也是教训。经验是喜欢企业的人得到了很好的发展，取得了很大的成绩；教训是原本有一定的写作能力，但不喜欢新闻宣传工作，也不喜欢企业的人，最终成绩平平，碌碌无为。

## 思路清晰是写出好新闻的重要前提

我们读一些影响力较大的新闻,无论是社会媒体文章,还是企业媒体文章,每一篇给人留下深刻印象或者感觉比较好的新闻,都有一条清晰的思路。有些新闻看起来洋洋洒洒几千字,但是读起来感觉东一耙子西一扫帚,主要原因是作者没有清晰的写作思路。

"一文一个方案,一篇一个思路",每一篇新闻都是独立的个体,都应该有独立的思想和主题。建议每次动笔之前,先确定写作思路。

拿到一个新闻素材,第一步是确定写作主题,然后围绕主题搜集内容,拟写采访和写作提纲,确定采访对象等。在采访的过程中,如果发现了更好的或者更适合的素材与主题,再进行调整。

一篇新闻可以围绕一个主题展开,也可以围绕一个大主题分为几个小主题来写。但是分主题一定是大主题的支流,最终要汇总到大主题上,不能成为独立的溪流。

思路清晰,重点是要知道写什么,怎么写,不能信马由缰:想到哪里写到哪里,有什么素材用什么素材。有的通讯员接到写作任务后,习惯拿过来就写,把了解的内容写上就算完成任务,结果"报道无亮点,个人无发展"。

确定写作思路之后再动笔写,有一个潜在的好处:这是一种长期的思考力训练,重复练习多次以后,作者会养成深入思考的习惯。这个习惯养成之后,写作、判断分析、采访、素材选择等能力就有了不断提升的路径。

## 要有意识地尝试多种文体写作

做企业新闻宣传工作的人,不论是专职的还是兼职的,都承担着很重的写作任务,"一专多能"是对新闻宣传工作者的基本要求:不仅要负责新闻宣传,要能写报告和人物先进事迹等材料,要懂企业文化、精神文明建设、品牌营销,要能深度解读企业发展战略以配合做好宣传,还要天天浏览重要时政新闻,紧跟社会形势。

为了使能力适应工作的多样性和不断变化的要求，编辑要有意识地尝试多种文体写作。根据题材，选择适合的文体表达，消息、通讯、散文、诗歌甚至小说都试着写一写。有些企业故事适合用小说的文体写出来。

不能不管什么题材，提笔就写消息。如果长期只写消息这一种文体，写作方法固定后，再写其他文体就会有一定的困难，工作上就形成了“玻璃天花板”，很难突破。

## 流畅的文字是新闻的外衣

新闻除了要求有主题和内容，还需要流畅的文字做“外衣”。没有这件“外衣”的新闻就像裸体的人，只能在室内活动，不能外出。

在微博、微信这种“碎片化”阅读模式中成长起来的年轻人，保证文字流畅成为一大难题。尤其是在企业中，即使是中文、新闻、哲学等专业毕业的员工，写出的新闻和总结等文字材料，也有不通顺、生涩、词不达意等常见的问题。

不可能人人生来文采斐然，也不可能人人都成为著名作家、著名记者，但是既然从事文字工作，行文流畅就是必须做到的事情，不然走不远，更谈不上提高写作水平。无论多么深刻的思想、多么高级的文章，都需要流畅的文字做输出桥梁。

在企业中做文字工作，要求并不高。企业级别的高低不同，标准的高低也相对不同。从各企业网站上的文章来看，精彩的文章百里挑一，偶然可见。

只有用流畅的文字才能写出精彩的新闻，文字苍白、生涩的新闻是故事的一场裸奔，感受只有一个：实在是丑。

做企业新闻宣传工作的同人们，一定要练习写流畅的文字，在此基础上，再进一步追求新闻稿件的高度和深度。

## 用相同的结构写不出完全相同的文章

在和通讯员交流、讨论写作结构和方法时，有的通讯员担心“文章会公式化”，作品会大同小异。这里可以给一个确定的答案：完全不会。

结构相同，内容不同，所以即使用相同的方法，也写不出完全相同的文章。就像数学公式，不同的题目可以套用同一个公式，得出不同的结果。公式虽然不变，但是题目千变万化。

德国哲学家莱布尼茨说过：“世上没有两片完全相同的树叶。”这既体现了矛盾的特殊性，也表达了事物特征的多样性。新闻宣传也是同样的道理。以新闻写作中最常见的倒金字塔结构为例，这一结构要求把最重要、最精彩、最引人注意的内容放在导语中，可以看一下不同年度同类会议的新闻，内容极少重复，更不要说相同。

我们不仅面对着一个不断变化的世界和不断发展的企业，还面对着一个不断变化、知识不断更新的自己。同一个先进人物，三十岁写过，到四十岁时再写一遍，除了个人的经历不一样，思想、语言、精神、逻辑也完全不一样，因为人物对自己的人生经验有不同的感受和思考，有了新的人生经历；作者的思想和对事物的认知也发生了巨大的变化。

文章精彩与否关键在思想和语言，不在结构，所以不用担心学习写作结构会影响写作水平的提高。把结构应用熟练了，新闻写作能力达到一定的水平之后，“结构”和“公式”都会从头脑中“消失”，只剩下“庖丁解牛”般得心应手的写作。

## 多研读经典新闻作品

“怎样提高新闻写作水平”是一线通讯员问得最多的问题。对于这个问题，我有两条建议，第一条也是最重要的一条是一定要多写，在写的过程中才会有提高，不写就是纸上谈兵，讲再多的道理，读再多的书都没有用；第二条是研读经典新闻作品。

到什么山头唱什么歌,从事新闻宣传工作就得不断提高写作水平和新闻策划能力,要锻炼从小事中发现新闻点的新闻敏感力和识别力。多研读经典新闻作品或者自己喜欢的新闻,大有裨益。

经典新闻作品首先经受了时间的考验,在社会上的影响力大,受多种类型的读者喜欢,经过了深入采访和精心写作,是精品佳作,可学习借鉴的价值大。

新闻作品与文学名著不同,什么是经典新闻作品,仁者见仁,智者见智。我认为自己喜欢的、愿意研读的且能从中受益的,就可以经常阅读、学习。

《县委书记的榜样——焦裕禄》《那一刻,钢铁为什么热泪横流》《千里之任行思行远——国资委成立十年来国有企业改革发展纪实》这三篇文章,每隔一段时间,我就会翻出来阅读几遍。好的文章常读常新,每次阅读都有新的感受。其中,《县委书记的榜样——焦裕禄》在过去的二十年中,我每年都读好几遍。

阅读本身受心境的影响较大,写作也是,所以在不同的情绪状态下,在不同的年龄,在不同的环境中读同一篇文章,会有不同的理解。这种来自个人的对同一篇文章、同一个事物的"不同的理解",对个人的脑力、心力的提升很重要。

"旧书不厌百回读,熟读深思子自知""熟读唐诗三百首,不会作诗也会吟",说的都是同一个意思。"熟读"是"子自知"的前提和基础。新闻写作也是同样的道理,多读经典作品,同一篇作品多读几遍,假以时日,一定会达到"子自知"和"不会作诗也会吟"的境界。

写作过程中会积累一些应用技巧,但最有价值的东西都在你平时的思考和所写出来的文章中。

## 《人民日报》是最好的新闻宣传写作教材

经常有人找我推荐学习新闻写作的书。讲授新闻写作理论的书有很多,谈新闻分类、消息写作结构、通讯类型、评论写作的书刊有很多。《梁衡新闻200句》《新闻写作的艺术》《〈华尔街日报〉是如何讲故事的》……我也精读过几本新闻写作的专业书,非常诚恳地说:要说新闻宣传写作教材,最好的就是《人民日报》。

《人民日报》是党和人民的绝对喉舌，政治站位高，理论水平高，报道有深度，新闻作品质量更是优中选优。从要闻到重要评论，从通讯到报告文学，从简讯到对日常生活现象的点评，新闻文体齐全。以 2019 年 8 月 30 日的《人民日报》为例，有七个版面的要闻，一个版面的评论，六个版面是《壮丽 70 年　奋斗新时代——共和国发展成就巡礼　浙江篇》，最后一版综合版是"强军兴军主题赛优胜选手演讲稿摘登"和两篇消息。无论是学习写作，还是学习编辑，《人民日报》都可以当作案例进行深度研读。

综合版上的六篇演讲稿选自"时代新人说——我和祖国共成长"演讲大赛"强军兴军"主题赛，《小叶片与"中国心"》《做祖国的看海人》等等，篇篇都可以做演讲稿范文。

随机选择一篇为例：

**成瘾性消费要适度**

**【现象】**离不开的甜食、囤不完的鞋子、刷到停不下来的 App……这些容易让人迷恋、依赖、欲罢不能的产品，近年来相继兴起，有人将这种令人"上瘾"的商业形态概括为"瘾性经济"。2019 年上半年，短视频月人均使用时长同比继续上涨 8.6%，超过 22 小时。凡此种种，勾勒出"瘾性经济"的轮廓。

**【点评】**从物质成瘾到技术沉迷，"瘾性经济"的出现，虽说是终端消费者的主动选择，但追根溯源，离不开供给端技术的不断驱动。

脑神经科学这样解释上瘾的神经机制：通过连续不断刺激大脑神经元中的多巴胺分泌，致使多巴胺制造的匮乏感绑架了人们的大脑，出现强迫行为。基于算法逻辑的社交媒体、直播和短视频平台，正是熟练掌握了这套机制，不断打造出让人上瘾的品牌和产品。通过数据分析用户行为，制造和推送迎合不同个体兴趣的内容，从而不断刺激用户大脑中的多巴胺，牢牢锁住用户的注意力，"让人根本停不下来"……

结合现象进行点评，在科学分析的基础上指出危害性，语言通俗，浅显易懂，但并不浅薄。在时下快餐化阅读时代，《人民日报》仍然是深度阅读的典范，是上好的新闻写作案例和教材。

# 不是写得不好，是读得太少

通讯员的稿子，被改得面目全非，通讯员有点儿不好意思地问我："我是不是写得不好？"我笑着回答她："不是写得不好，是读得太少。"

读写自古不分家，要想写好文章，先要进行大量的阅读，积累一定的文字量。读书和写作是一个持续精进的过程，停止读书的那一天，就是写作停止进步的那一天。

就新闻写作来说，除了读书，还要阅读大量的新闻作品，学习新闻写作方法和语言表达方式。

书和文章读得少的第一个表现是文章行文呆板，词汇贫乏。很有意义的新闻事件三言两语就写完了，大白话居多，最明显的是保留着学生时代的作文格式、语言风格。写人必须从相貌写起："他长得浓眉大眼，鼻直口方，下巴上有一颗痣。"写事必须从时间和地点写起："×年×月×日，张大哥在工地遇到了李大姐，开始了幸福的生活。"写会议新闻必须先写上两句："为了提高……，为了改进……"语言是千变万化的，同一个事件写成新闻，开头可以采取"直奔主题式""对话式""反问式""讨论式""自问自答式"等多种方式。俗话说，见多识广，读得多自然运用灵活。

第二个表现是缺少思考。因为书读得少，所以大脑中参考的资料不多，只能凭感觉写出表面现象，没有深层次的思考，缺少对事物的分析，表达不到位，写出来的新闻简单直白，阅读效果差。

自古华山一条路，文章写作同样如此，多读多写，是提高写作水平的唯一途径，别无他法。

# 参加征文比赛是提高写作水平的途径之一

每逢大的纪念日和节日，各级单位会开展各种各样的主题征文活动，这是基层通讯员展现写作才华、扩展写作思路的大好机会，也是提高写作水平的途径之一。

尤其是刚从事新闻宣传工作的基层通讯员，练习写作的机会较少，自身策划和发现新闻素材的能力有待提高。经常有通讯员问我：“老师，你看我最近可以写点儿什么呢？”问过几次的通讯员，我会把名字记下来，有征文比赛时重点约稿，按照征文期限监督写作进度。

征文比赛是命题作文，就像高考作文一样，限时限量限题材，目标是就某一主题写出代表作者最高水平的文章。这对人的素材应用能力、随机应变能力、语言功底是考验，也是磨炼。

征文比赛都是就某一专题展开的，有的通讯员因为对征文主题不熟悉或者不感兴趣而不愿意参加。“命题作文”在工作中也是同样绕不开的常态化写作。有了一定的工作年限后，通讯员不仅要写新闻、总结、报告，也会涉及起草文件和会议通知等工作，后者也是命题作文形式，在实际工作中没有“干或者不干”的选项，只有“好与不好”两种结果。

企业新闻宣传工作是不分专业、不分爱好的，必须做到有什么素材写什么新闻，也是“类命题作文”，只不过标准低一些。因为一事一人一文章，没有比较，不用打分，所以看起来好像容易一些。在实际工作中，有时候非常重要的题材，新闻稿写得非常烂，编辑也要硬着头皮大修大改再发表，重新写也是有过的。

征文比赛一般都会设置奖项和奖金。获奖在职称评审、职务竞聘等关键环节起到极大的促进作用。即使不能获奖，写作的过程也是一次练习的机会，是一个提高的过程。

对从事写作的人来说，参加征文比赛，有百利而无一害。

## 内容啰嗦不等于充实丰富

有的通讯员写新闻，喜欢罗列事实，啰里啰嗦地讲一大堆，没有重点，没有主次，不仅讲不清楚事情，读起来也给人一种混乱的感觉。

我们说，好的文章重点突出，主次分明，条理清晰，一气呵成。

不论是长新闻还是短新闻，文字切忌啰里啰唆，絮絮叨叨。例如讲到质量管理，把全部提高质量的方法都罗列上；讲到安全管理，把全部安全要求都写上。现场新闻，是写工作中发生的新人新事，需要写的是在质量和安全管理中所做工作的精华部分、创新内容和取得的效果，不是把所做的事情全部写出来。

对新闻来说，内容多不代表充实丰富；同理，内容简练也不等于内容简单。

不管什么样的文章，信息量都要大，每一句话都要有信息来支撑。所谓的空话套话就是缺少真实的可以感受的信息。新闻写作尤其如此，信息含量与可读性息息相关。

人们阅读一篇新闻是希望从中得到相关信息。无论是习惯性阅读，还是偶然性阅读，都需要有信息进入大脑，信息只有进入了大脑才会在大脑中留下印象。

我们可以想一下，每天浏览的新闻，有哪些给我们留下了深刻的印象？

好的新闻和长短无关，和语言精彩程度、信息含量密切相关。

## 技术业务一定要把过程写明白吗

写技术革新、发展、业绩和成就方面的新闻是企业新闻宣传工作的难点之一。原因之一是技术术语专业性强。想把晦涩难懂的技术讲到通俗易懂的程度，通讯员既要精通技术业务，又要有深厚的文字功底和高超的表达能力。这两点，不仅外行人做不到，内行也很难做到。正因如此，科普作家才少之又少。

那么，技术业务一定要把过程写得明明白白，讲得清清楚楚吗？

企业新闻宣传人员有的是技术人员转行，有的是非技术人员。要想写出好新闻,新闻宣传人员必须深入理解企业改革发展战略和各项管理工作,需要对技术业务有一定的了解,掌握一定的专业术语。企业新闻宣传强调成绩和结果,最佳写作方式是讲故事,讲的是"事",强调的是"新"。新闻宣传人员写的是新闻,不是技术方案,不需要把技术业务用术语讲得明明白白,把过程写得详详细细。

## 环境也是新闻内容的一部分

每一条新闻都发生在具体的环境中,对办公环境、生产环境和人文环境的描写可以提升新闻的现场感、故事性和可信度,更可以增强新闻的画面感。

尤其是工作通讯和人物通讯,把故事发生发展的过程和环境联系在一起,文字就会活起来。故事发生背景是酷热还是严寒,是荒凉还是繁华,是不毛之地还是沃野千里,都可以作为新闻内容的一部分。

《县委书记的榜样——焦裕禄》中这样描写兰考县的自然环境:展现在焦裕禄面前的兰考大地,是一幅多么严重的灾荒的景象呵!横贯全境的两条黄河故道,是一眼看不到边的黄沙;片片内涝的洼窝里,结着青色的冰凌;白茫茫的盐碱地上,枯草在寒风中抖动。

看到这里,心就会"咯噔"一下:这么荒凉啊。后面还有焦裕禄冒雨考察洪水流向时的环境描写等片段。读了焦裕禄在艰苦环境中的工作场景,敬佩之情油然而生。"桃李不言,下自成蹊",一个排除万难、全心全意为人民服务的好干部形象在大段的环境描写中呈现了出来。

在新闻写作中,"环境胜千言"。把事件从环境和背景中剥离出来,只讲事件本身的新闻,相当于"塑料花";把事件和环境、背景融合在一起写出来的新闻,才是生机勃勃的"鲜花"。

要想让人物生动起来,就写人物的动作和表情;要想让新闻生动起来,就写新闻事件发生发展的环境、背景和氛围。这不仅是写作能力的体现,也是观察能力的体现。

# 写作能力是党务工作者的必备技能

在企业机构设置和管理职责划分中,党建工作和新闻宣传工作一般不分家,也很难分家。

写作能力对新闻宣传工作的重要性不言而喻。这里主要谈一下党务工作与写作能力的关系。

企业党建工作,需要扎扎实实的基础和长远的发展力,无论是从发展党员、党员教育、主题活动策划、“三会一课”、答复群众来信等基础工作方面来看,还是从思想建设、组织建设、作风建设等党建工作大纲来看;无论是工作策划、过程安排,还是总结反思和推广经验,都需要用文字呈现出来,因此一定水平的写作能力是党务工作者的必备技能。不具备这项技能,相当于缺少两只手,只能看和说,不能亲手把工作做实做深,也就难以做出影响力。

党建工作,工作量大,内容庞杂,工作过程要求细致严谨,能掌握工作大方向,并能够不厌其烦地将具体工作落实到位。党建材料写作,尤其是工作报告和年度党建工作安排,需要进行系统思考和通盘考虑。能写出精彩工作报告的人,有一定的透过事物现象看本质的能力,有较高的思想水平,符合党建工作的特性要求。

起草文件、编写工作报告和写总结等材料是一种重要的管理沟通方式,也是管理者思想和能力的外在呈现,只有能写出报告的人才能理解报告的要义和主旨。尤其是带有前瞻性和引导性的党建工作,文字表达能力和工作成果呈现能力非常重要。

有的企业在党建工作中把写作和跑腿打杂的顺序颠倒过来,起草报告、文件和从事政研工作的人是普通工作人员,由跑腿打杂的人做负责人。管理顺序颠倒,导致党务工作水平难以提高。

经过多年观察,我建议企业安排从事党建工作的人员时,或者个人选择从事这个岗位时,把写作能力列为必须考虑的选项。

# 喜欢写作，更要喜欢企业

经常有人问我："我喜欢写作、有写作能力，是不是就可以做新闻宣传工作呢？"

从业二十多年，观察了几百位从业者的工作状态和发展路径，个人认为就新闻宣传工作的性质来说，喜欢企业比喜欢写作更重要。这是经验，也是教训。经验是喜欢企业的人得到了很好的发展，取得了很大的成绩；教训是原本有一定的写作能力，但不喜欢新闻宣传工作，也不喜欢企业的人，最终成绩平平，碌碌无为。

喜欢写作、有写作能力只是做新闻宣传工作的入门条件和基本从业标准。而想要做好、做出色，仅有这两项是远远不够的，还要有工作热情，有良好的沟通能力，并且要喜欢企业，欣赏周围那些优秀的同事，并能将这份喜欢和欣赏转化成文字讲述出来。

每一家企业都有独特的优势，也会有这样那样的不足；都有敬业认真、出色优秀的员工，也有敷衍消极、平庸懒惰的员工。新闻宣传工作者要关注前者，要做前者，才能写出好文章，才能发挥出宣传应该起到的凝聚作用和引领作用。

在一家企业工作时间长了，必然会看到企业管理和运行中存在的问题和不足，听到牢骚、抱怨和消极言论。鲁迅先生在杂文《中国人失掉自信力了吗》中写过："我们从古以来，就有埋头苦干的人，有拼命硬干的人，有为民请命的人，有舍身求法的人……虽是等于为帝王将相作家谱的所谓'正史'，也往往掩不住他们的光耀，这就是中国的脊梁。"在企业中也不例外。对于企业发展过程中出现的问题，新闻宣传从业者要用发展的眼光来解决，并且要将企业中正面积极、向上向善的事例宣传报道出去，让大家看到企业中的积极力量，激发大家共同努力奋斗的信心。

## 检查指导类稿件要写出领导的工作特点和讲话特点

领导检查指导类稿件，是写作难度不大，但内容重复性最强的一类文章。领导们在新闻消息中仿佛一模一样，讲话的语气、内容都差不多。

这类新闻稿的特点是“易发不易写”。

“易发”指的是在任何一家企业中，主要领导到一线检查指导工作都是必发稿件。写得好，发表；写得不好，修改，甚至修改多次，最后无论质量如何都要发表。稿件实在不行，就写几句话，配几张图片，以“图片新闻”的形式刊登。

“不易写”是指对一线通讯员来说，领导检查指导类稿件是比较难掌控的一类消息。领导到一线后，工作内容主要包括检查生产现场、座谈、会见业务方代表，等等，看似简单重复，实则千差万别。而负责写消息的通讯员因为职位等多种原因，不能一直跟在领导身边，通过第三者转述得来的信息往往简略或者片面，所以很难写好这类稿件。

每一个人都有自己的特点，领导同样如此。每一位领导的职位、岗位、履历、业务知识、技能水平、性格都不同，都有自己的工作特点。不同的领导到一线后，关注点、发现的问题、讲话内容、提出的要求和建议也不相同。例如，主要领导到一线项目，对整体管理情况、履约效果、人才培养、效益情况等事关企业生存与发展的方面比较关注，而且关注度相对比较高；而分管工作各有侧重的副职领导到工地后，也会关注整体情况，不过，因为各自研究的业务领域不同，所以在讲话中，对分管领域的工作内容关注得更多一些。如果说主要领导讲话“全”和“深”，那么分管领导的讲话体现的就是“专”和“精”。

有的人讲话语重心长，有的人讲话风趣幽默；有的人讲话偏重理想信念，有的人讲话偏重技术科研。世界上没有完全相同的两片叶子，也不会有风格相同的两位领导。把两位甚至多位领导到一线检查指导工作的事件写成内容雷同的新闻，有多种原因，也说明通讯员懒惰，能力低，对工作敷衍、不认真。

认真对待每一篇新闻是做好通讯员的第一步。领导检查指导类稿件是任何一个层级的通讯员都绕不开的稿件类型，通讯员应下功夫研究和写作。

# 有作为才能有地位，文章好才会有影响力

大家的不理解或者说轻视，是开展企业新闻宣传工作的难题之一。我经常听到别人说："新闻宣传不就是写个会议报道吗？谁都能干。"

这句话就像魔咒一样，每隔几年就出现一次：总有领导忽然说几句类似的话。有的单位会把那些不好安排，其实根本不适合从事新闻宣传工作的员工安排到宣传岗位上。

为什么会这样？因为别人没有看到工作业绩，没有感受到新闻宣传工作的专业性，没有体会到新闻宣传工作的影响力。

十几年前开始从事这项工作，第一次听到这句话的时候，我心里不服气，心想：的确是谁都能干，但是不是谁都能干好。现在再听到这句话，我已经无所谓了。我会从两个方面来分析这件事情：要么是说这话的人不了解新闻宣传工作，要么是他身边的宣传人员确实能力不高，工作主动性不强。

现实中，把通讯员发来的稿子顺一顺发到网站、报纸、微信上的现象确实有。但是，这种工作态度是无法积累工作经验的，也无法提高自己的业务水平和工作能力。如果遇到偏重生产经营的领导，这类人可能可以混一段时间；如果遇到有思想，对企业管理有追求的管理者，这类人就会面临转岗或调离问题。

相对于势单力薄的新闻宣传队伍，从事营销、财务、工程技术等专业的人要多得多，甲不行，乙上；乙不行，还有丙，丙下面还有一大堆的丁。一个项目就有几十个工程技术人员，"瘸子里选将军"，总能选拔出一个相对优秀的人来。但是新闻宣传队伍不行，一个单位就一两位，宣传工作做得好，大家或许看得到；做得不好，可能毁了整个宣传工作的口碑。

就企业中其他业务来说，每天努力完成工作就可以不断积累经验，重复地工作若干年之后仍然有工作可干。做新闻宣传工作的人则不同，不但要与时俱进，还要时时留意社会的新变化、新思想、新要求。

任何一项工作都是"入门容易，修成正果难"。每项业务都有很多人在做，但并非人人都是精英。新闻宣传也是同样的道理，只有做出了成绩，才会得到

认可,文章优秀自然会有影响力。不能苛求人人都是营销精英,同样也不能要求从事新闻宣传工作的人都是高手。

一旦入了企业新闻宣传工作的门,写作能力、策划能力和编辑能力就成为必备本领。想要提高,只有主动练习、主动学习、主动提高一条路可以走。

## 稿子未被采用,要总结分析原因

无论是写消息,还是写微信文章,最终目的都是让别人看。因此,写出的新闻被采用、发表,策划的微信文章被推送,才是一篇稿件的“完美旅程”。

有一个项目办公室分别建立了“公司采用稿件”和“未采用稿件”两个文件夹。首先要肯定这位负责宣传工作的员工是用心的,是负责任的,但仅仅把稿件整理到文件夹里,等到年底统计篇数用是不够的。既然工作已经做到了这个程度,不如再延伸一下:总结分析稿件被采用的原因和未采用的原因。

一篇稿件用有用的理由,不用也有不用的原因。如果自己分析不出稿件未被采用的原因,可以请教编辑。企业内部媒体编辑与通讯员是同事关系。作为资深的企业编采人员,我一直视一线通讯员为“衣食父母”,非常喜欢和通讯员聊天,交流采写工作的感受,从中挖掘新闻线索,掌握重大事件的动态,了解一线员工对新闻宣传工作的认识和评价。

一线通讯员和编采人员沟通有多个益处:一是可以掌握新闻宣传的阶段性重点任务,有的放矢地写稿件;二是可以及时了解稿件未被采用的原因,了解稿件是否可以进一步加工;三是可以通过互相了解增进感情。

有的未被采用的稿件是可以进一步加工的。如果正好碰到编辑工作任务繁重,来不及联系作者进行修改,时间一长,稿件就失去了新闻价值。例如,在一年一度的质量月中,有家单位发来一篇开展质量月答题活动的消息,活动方式新颖别致:由单位总工随机抽取一线质量管理人员提问,根据回答情况评奖。素材不错,但是通讯员只写了一篇不到两百字的消息,且空洞无物。当时正在举办一项重大活动,新闻编采人员全部去活动现场执行任务,来不及反馈修改意见,就做了淘汰处理。

在活动现场,编采人员接到通讯员电话后,三言两语地解释了稿件未采用的原因,建议对方写成一篇特写,用对话形式开头、结尾,中间介绍活动内容和结果。

稿件修改后,不仅在本单位发表,还作为质量月活动案例上了工作简报,也被上级单位网站予以采纳。

通讯员和编采人员多沟通,是一件一举多得的事。编采人员面对的是一个庞大的通讯员队伍,即使想多沟通、多联系,有时候也有心无力。一线通讯员要主动和编采人员多联系、多沟通,这是一个相互学习的过程。

在上面那位通讯员建立的文件夹中,“未采用稿件”的数量比“公司采用稿件”的数量多,是时候做一番深刻的原因分析和总结了。

## 没有感情的中性词会引起误会

同一篇文章,一千个人读会有一千种感觉;同一个人读两遍,也可能会有两种不同的感觉。新闻写作是面向公众的工作,因此经常要面对不同人的不同声音。

在一篇人物通讯中,有这样一句话:“强烈的求知欲望促使他勤奋学习,努力实践。”领导提出了严厉的批评,认为“欲望”这个词不恰当。

实际上,“欲望”是个中性词。本来没有任何感情色彩的中性词却导致了一场误会,引起了一场风波。

在写作过程中,“褒义词”和“贬义词”是“一对冤家”,容易划分;中性词因为词性模糊,却容易引起误解。

“褒义词”是表扬、赞美、肯定人和事物的词语;“贬义词”是批评、责备、否定人和事物的词语;中性词,就是“中立”的词语,是不表扬、不批评、不带感情色彩的词。中性词本身没有感情色彩,它的感情色彩由使用对象或者前面的形容词来决定。

再形象一点儿说，“中性词”就是个骑墙派，谁拉就向谁倒。

例如“信誓旦旦”这个看起来颇为“硬气”的形容词，就是一个中性词。好人可以用，恶人同样可以用，例如“秦桧信誓旦旦地说”。

又如“洗脑”这个词，正能量可以“洗脑”，负能量同样可以“洗脑”。“理性”“渴望”“相貌”等都是中性词。

还有一些比较容易混淆的词，例如“情怀”。有些人认为这是一个褒义词。实际上这是一个中性词，可以说“高尚的情怀”，也可以说“卑鄙的情怀”。

企业是经济组织，人员构成复杂，专业背景差别比较大，不能要求人人都理解、认可所写的每一篇文章，更没有必要因为一个词语纠缠不清。如果有同事提出不同的看法，可以沟通和讨论；如果领导提出异议，直接换掉是最有效的方法。对于上文中提到的“强烈的求知欲望”，领导觉得不恰当，那我们直接去掉“望”字，事情就圆满解决了。

入了新闻写作这一行，就要有接受别人修改、接受别人提出异议的心胸和境界，不要争执，更不要烦恼。即使对方批评错了，也不要觉得委屈，因为天下没有一项工作是不委屈的。

## 写作要向高手学习，而不是向老手学习

每一家企业中的每一个专业序列中，都会有资历深或资格老的员工。新闻宣传也不例外。进入新闻宣传这个行业之后，向什么样的人学习，如何学习，是一道高分选择题。

读书要读经典，学习当然也要找高手。但是因为年轻，很多人还没有练出一双识人慧眼，如何发现高手是做好这道高分选择题的隐藏条件。

首先要强调的是，老手不一定是高手。老手可能经验丰富，能力优秀，也可能是工作了很多年的“老油条”，做做表面文章，简单写一写会议消息，粗略地编辑一下通讯员的来稿，还喜欢没事的时候就教育年轻人几句。

区分老手和高手有一个非常简单的方法：看工作态度和作品质量，也可以

把作品数量作为参考条件。

高手一定是敬业的，虽然做了多年新闻宣传工作，但是仍然毫无倦怠感，认真对待每一篇新闻稿件；写出的作品可以作为范文借鉴学习；不论写了多少作品，高手都保持着勤奋的写作习惯。因为写作和其他功夫一样，“三天不念口生，三天不练手生”，需要常写常练，才能在保持原有水平的基础上有所提高。

既然是高手，就有成为高手的理由，有自己多年练就的“绝招”。我身边曾经有一位老新闻宣传工作者，每一篇作品都堪称精品，经常有人向他请教写作“秘籍”，他总是十分淡定地回答：“没有什么秘籍，就是多读、多写、多思考，写得多了自然就知道怎么写了。”

写作如登山，是可以无止境地提高的事业，在一级台阶上停留太久就会徘徊不前，直至把信心和才华消磨殆尽。

不单单是新闻宣传工作，其他工作也是如此。高手凤毛麟角，老手触手可及，而且越是处事圆滑的老手越喜欢传播“办公室规则”。新入职的通讯员要有选择性地向高手学习，提高写作水平和工作能力，而不是向“老手”学习圆滑的套路，应付了事。

## 自古文章皆记录，新闻报道尤如此

李白的《赠汪伦》《送友人》等诗，记录的是朋友送别的情景；苏东坡的《临江仙·夜归临皋》记录的是归家敲门不应的情景，《定风波·莫听穿林打叶声》记录的是归家途中遇雨的情景。

“三月七日，沙湖道中遇雨。雨具先去，同行皆狼狈，余独不觉。已而遂晴，故作此词”，可以看作是《定风波·莫听穿林打叶声》的作者注释。

读纳兰容若的词可以发现，纪念亡妻的篇章有很多。

再读近现代的大思想家、大学者、大作家胡适、鲁迅等人的日记，日常生活中的各种记录更是多。

从古至今,记录事实、生活和情感是文章的主要内容,新闻报道则以记录社会变化为主。现在在企业从事新闻宣传工作的员工绝大多数是本科以上学历,从小学三年级开始写作文算起,也算有十年以上的写作经历了。所以不要对新闻报道、总结、报告等各种常用文体产生畏难情绪,要大胆练习,积极熟悉企业情况。只有不断地努力与修炼,才能成为一名能承担起新闻宣传工作任务的“熟练工”。

## 用心做的事情才有意义,用情写的新闻才会动人

每一篇好的文章都是有思想、有灵魂的,用心、用情才能写出好文章,只用“字”是堆不出好文章的。新闻作品同样如此。

有人一定会问,什么样的文章是“用字堆出来”的?这是本人在十多年阅读、编辑企业新闻原始稿件的过程中总结出的一个问题。经过认真思考,原因有多种,最主要的原因是作者没有用心写,对写作对象无感。

写作不用心,写出来的新闻只是告诉大家一件事,读起来的感觉就像家具使用说明书。大家可以看一下所在单位的网站,这种读起来像“家具使用说明书”的新闻现在随处可见。

作者的感情在文章中起着润滑剂的重要作用。作者没有把感情倾注其中,文章就是干巴巴的一堆文字,就像旱地上的枯草,没有生命特有的灵性。在这方面,最有代表性、最有说明意义的典型案例是新闻代表作品《县委书记的榜样——焦裕禄》,作者哭着写,编辑哭着编,播音员哭着读,读者哭着读,听众哭着听。不能说焦裕禄是特殊人物才能有这样的效果,而是因为作者在其中倾注了浓厚的感情,作品才有这样的影响力。不是每一篇新闻作品都能达到这样的效果,但是让读者看了文章有所启发、有所触动是对写作者的基本要求。

新闻虽然是事实写作,但是结果要以“文章”的方式呈现出来,就必须要有与文章一样的写作过程,要有作者的观察、思考、分析、感受等个人体验在里面,不是简单地写“某年某月发生了一件什么事”就可以了。否则,所有的新闻作品

都写成了简讯。一个企业新闻宣传工作者，终生只写简讯一种文体，这种情况以前有，以后还会有，但始终是少见的，而且这非长远之计。

从现在开始，把自己的所思所感融入其中，用心写好每一篇新闻，如此方能成己利人。

# 第六章 标题有精华

文章要好，标题要巧。一些新闻专业的书中会有“一个好标题已经成功了一半”“标题是文章的眼睛”等诸如此类的说法。在工作中，我深深地体会到起一个好的标题比写一篇好的文章难度更大。

# 标题的四种起法

有两类标题是不应该在媒体上出现的。一类是随笔式的标题，如“读某某事迹有感”，这只能用作副标题；另一类是通讯标题，如“我的师傅某某某”。这类中学生作文似的标题在工作中经常遇到，也是通讯员在写作中应该摒弃的标题类型。

文章要好，标题要巧。一些新闻专业的书中会有“一个好标题已经成功了一半”“标题是文章的眼睛”等诸如此类的说法。在工作中，我深深地体会到起一个好的标题比写一篇好的文章难度更大，在一次次痛苦的起标题的过程中总结出四种主要方法。

**一、直觉。**在采访过程中，大脑一直在思考。采访者与采访对象聊得兴奋时，大脑中会跳出一个标题，这种灵感类标题一定要抓住。本人写通讯起的“工地宅男”“守望者的天空”“那巴瑞河水静静流”“生命之水”就属于这类标题。事实证明，这一类标题最感人、最切题，但是难度也最大，需要多年的工作经验。

**二、五言体、七言体。**中国是诗的国度，尤其是五言律诗和七言律诗深受中国人喜爱。五言体和七言体标题也久盛不衰。不管文章写得如何，这类标题首先给人以高大上的感觉。

列举几个本人日常积累的标题“虹起戈壁滩”“铁军战金陵”“陇南写华章”“铁军豪情满黔中”“峡江起舞尽风华”“龙跃三省终到海”。

**三、主人公的精彩语言。**“我有很多中国朋友”“从文艺青年到支部书记”“溢彩珠光”“与肯尼亚不期而遇”等都是文章主人公在采访过程中有感而发的话，是天然的好标题。

**四、总结文章的主题。**这类标题可以结合工程特点、地域特点、人物特点等选择有冲击力的词语。例如《大漠丰碑》，一看就知道是在沙漠中施工，“丰碑”

可以让人很形象地感受到工程的重要性;《筑路,生态先行》,点明了道路施工中重点进行了生态保护;《拓展地下"幸福空间"》《穿越"山国之都"》等都是地铁施工通讯,虽然标题比较直白,但是突出了工程特点。

## 起标题要下硬功夫

在写文章的过程中,标题要反复推敲。有时候,写文章之前先确定了一个自己认为不错的标题,但是写到中间,会想到一个更好的标题。文章写完了,总觉得标题不够贴切,或者味道不够,就会反复琢磨。

我采访一位在喀喇昆仑山深处坚守十二年的员工后,心里非常感动。第一个念头是"坚守"两个字,在经历了多次变动之后,最后标题确定为"无声的誓言"。

以下是本次列出的五个标题:一、大山深处坚守 12 年;二、坚守大山深处 12 年;三、坚守 12 年;四、无声的坚守;五、无声的誓言。

前两个变化不大,前四个都比较直白,第五个就有了意境的升华。

这一次起的标题不算多,最多的一次起过几十个,A4 纸写了满满两页。起标题的过程是一个选择的过程,就像品尝各种口味的糕点,尝过之后才能找到比较符合自己口味的那一个。也有感觉不对的时候,这个时候就要换一个思路,继续想,就像换一家蛋糕店,继续尝,直到找到符合自己的那一款。

## 标题和导语修改案例

标题要精彩，导语要写出消息中最重要、最精彩的事实，提纲挈领，引领全文。我们的通讯员经常按照时间顺序写新闻，前面拉拉杂杂地写了一大堆人名、地名、工作内容，最后才介绍具体发生了什么。实际上，一条动态新闻只要把“具体发生的事实的精彩内容”写明白就可以了。

给大家介绍一个案例。

原标题和导语：

**王某到某项目检查指导工作**

6月20日上午，某市副市长王某一行到西湖湖体扩容工程项目检查指导工作。王某等人察看了工程现场，听取了项目负责人的工作汇报。

修改后的标题和导语：

**“一流的企业+一流的队伍=一流的工程”**

6月20日上午，某市副市长王某一行到西湖湖体扩容工程项目检查指导工作。王某对护岸工程生态砖铺设质量和景观效果给予了高度评价，赞道“一流的企业+一流的队伍=一流的工程”。

原文把市长的称赞放在了结尾，修改后用来做标题且放在导语部分，直截了当，这是典型的“倒金字塔结构”。

## 标题修改前后对比实例

以下是我在多年工作中修改过的部分有代表性的标题，每一个都是我认真阅读原文后仔细琢磨出来的。这里面有工作经验，有文字灵感，也有对企业新闻宣传工作的情感。

尼亚加拉大瀑布之旅⟷辉煌的色彩

有一篇员工写的散文原标题为“尼亚加拉大瀑布之旅”。考虑到文章描写的是尼亚加拉大瀑布白天和晚上色彩的变化，且文章结尾段引用了狄更斯的话："也不能表现出我所看到的如此清灵、如此虚幻而又如此辉煌的色彩。"因此把标题改为"辉煌的色彩"。

某市琵琶湖项目多措并举确保雨季施工⟷雨中施工曲

这是一篇工地施工特写。原标题为"某市琵琶湖项目多措并举确保雨季施工"，讲述项目雨季施工的故事。标题最终被改为"雨中施工曲"。

原标题像一则消息的标题。特写作为通讯的一种形式，标题应该更加自由灵活，"雨中施工曲"同样形象地反映了通讯主题，而且带有浪漫色彩。

公司荣获2018年度全国建筑业AAA级信用企业⟷

公司位列全国建筑业AAA级信用企业第11位

修改后的标题凸显了企业的地位，吸引力更强。

公司收到成都市天府新区兴隆街道蓝家店社区感谢信⟷

蓝家店来信了

原标题虽然事件信息齐全，但是太长，如果再加上日期，就可以直接做导语了。修改后的标题简练而且有趣，活泼生动。

某项目针对设备安装工作开展安全教育⟷

某项目开展设备安装安全教育

与原标题类似的标题在来稿中经常出现。新闻的标题越精练越好。修改后的标题符合消息标题言简意赅的要求，不能再删减一字。

挥毫送春联　年味带回家⟷笔墨迎新春　楹联送祝福

原标题也可以用，但是修改后的标题更加喜庆，更加突出活动举办的意义。

新闻稿件不是用"字"堆出来的⟷用情写的新闻才会动人

原标题是本人这篇文章开头的中心立意，修改后的标题是文章结尾。

文章是改出来的，标题同样是改出来的。无论是标题还是文章，修改都是一个向好、向美、向实的过程。

# 标题要反复优化

题好一半文。消息标题的基本要求是准确、简练，再高一点的标准就是优美。通讯的标题故事性要强，古诗、谚语、精彩的语言等都可以做标题。

我的经验是，起一个好的标题要先确定“关键词”，这个“关键词”和主题的相关性要高，如果能带点儿文采就更好了。标题起好了，再进行二次优化。

作为企业新闻宣传工作者，优化标题是基本的业务能力之一。

# 第七章 宣传有团队

企业新闻宣传工作团队，虽然孤独，但是优秀。此言有新闻作品为证。

# 一个孤独的优秀团队

企业新闻宣传岗位对写作能力、工作效率、工作标准和结果要求高,但是职业发展路径在企业中却是最狭窄的一条:做不好会被淘汰,做好了又会因为管理惰性而被固定在这个岗位上难以晋升。企业中有做编辑做到退休的宣传人员,在宣传岗位上做二三十年的人以前多见。随着社会观念的进步、企业管理理念的发展,特别是年轻人主动选择性增强,这种现象可能会减少。

新闻宣传工作,从开始到结束都高标准、严要求,开始要策划,思路要创新,过程要严谨,结果要精彩。同时,新闻写作涉及企业管理的方方面面,内容庞杂,从业者需要了解企业内部的运行程序与规则。因此,培养一个成熟的企业新闻宣传工作者,至少需要两年时间,经历两年的训练,能够基本掌握工作重点。"师傅领进门,修行靠个人",之后能有多高的水平,能施展多大的本领,就看个人造化了。

技术岗位的职业发展路径很宽,宽到可以被企业全盘接收:可以做技术工作,可以做合同计量,可以做安全管理:如果文笔出色,办公室文秘和党建宣传等岗位也可以选,甚至可以做不同级别的项目副经理、经理、总工、党支部书记。再往上发展,路径就更宽了,一个二级单位的副总经理就有十几位,总工、总经理、特别助理等若干。但新闻宣传岗位不行,做得再好,也只有新闻宣传和党务工作岗位可以选。

别的专业从业者比比皆是,新闻宣传岗位的同行者却寥若晨星。所以,新闻宣传岗位的同行者要做好"孤军奋战"的准备。要想做好新闻宣传工作,从业者就要具备积极热情、头脑灵敏、吃苦耐劳、博学善思、亲和有礼等优秀品质。每多一项优秀品质,工作就会有明显的进步。

企业新闻宣传工作团队,虽然孤独,但是优秀。此言有新闻作品为证。

## 通讯员队伍建设"在精不在多"

无论是从企业管理的本质来看，还是从企业管理效率来说，通讯员队伍建设的目标都可以用两个词形容：精干、高效。从工作覆盖面和工作对接需要来说，通讯员队伍理想的架构形式是"横向成强军，纵向成梯队"。

由于现实条件的限制，建设一支"横向成强军，纵向成梯队"的精干通讯员队伍不容易，需要从业者付出心血、汗水和多年坚持不懈的努力。

横向成强军，即各个领域、各个分公司都有宣传骨干，可以承担起本领域、本单位的重量级新闻宣传任务；纵向成梯队，即不同年龄段都有代表人物，可以把在新闻宣传方面积累的经验传承下去。

通讯员队伍建设和其他管理工作一样，要重点做好培训和激励两个方面的工作。

通讯员队伍人数少，工作任务重，组织大规模培训比较困难，可以"化整为零"，进行多种形式、各个层次的培训。一是进行分片培训，把相邻单位的通讯员组织起来，邀请培训老师到一线项目、车间、分公司进行培训；二是让骨干通讯员在本单位分享写作经验；三是组织各单位的骨干通讯员到合同额大、技术攻关难度高、管理模式有创新的项目上采风，相互交流采访和写作经验；四是把新闻写作和本职工作结合起来，让一线员工来一趟"新闻写作体验之旅"，对有写作特长的员工进行重点培养；等等。

丰富多彩的培训活动本身就是对新闻宣传工作的"宣传"，大家在培训中多多少少能感受到新闻写作的乐趣。

激励分为物质和精神两个方面，也可以说是两个层次。适当的物质奖励是通讯员队伍建设必须要有的措施，但是物质奖励不是一种持久的办法，还需要和精神激励相结合。对企业员工来说，最重要的精神激励是给予荣誉和发展空间。因此，设立荣誉奖项，让通讯员看到新闻宣传岗位的发展空间，可以起到激励作用。

通讯员特别是兼职通讯员的发展空间也很大，不仅可以从事新闻宣传工作和党建工作,也可以向管理方向发展。作者所在企业有多位领导,曾被评选为优秀通讯员。有的领导写出的新闻作品,成了新闻培训课程的经典案例。这些都可以作为通讯员培训教材的内容,以鼓励更多的年轻通讯员参与到新闻宣传工作中来。

## 团队建设要下大功夫

任何一个团队的建设都需要下大功夫,下实功夫,下长功夫,通讯队伍建设也不例外。

企业通讯员队伍建设是个复杂的话题。无论是大企业,还是小企业,都面临骨干通讯员偏少、能出精品大作的通讯员少等问题。好不容易培养出来的几位优秀的、可以挑大梁的通讯员,又被挖走,从事其他工作。

“巧妇难为无米之炊”放到新闻宣传团队建设方面同样适用,“米”指的就是通讯员。企业每一天都在进行生产经营工作,每一天都有新鲜的事情发生,不存在缺乏写作素材的问题。之所以做不成饭,是因为缺少“下锅的米”——通讯员,“优质米”更是可遇不可求。

发现、培养通讯员是一件很辛苦的事,用跑断腿、磨破嘴来形容一点儿也不夸张。每到一个单位、项目出差,除了完成自身的工作任务,我还会挤出晚上或者雨天的时间,对单位和项目上所有对新闻宣传工作感兴趣的员工进行培训:简略地讲写作方法,重点讲新闻宣传对企业发展和个人成长的意义。通过几年的努力,总算是取得了成效:一是提高了员工对新闻宣传工作的认识和工作的积极性;二是培养了一支优秀的通讯员队伍。更重要的是,新闻宣传工作成长性越来越强,影响力越来越大。

要想建立一支强大的通讯员队伍,必须着眼长远,下一番苦功夫。

一是要重视骨干,做好示范。榜样的力量是无穷的,示范作用是强大的。一名骨干成长起来,就会影响一片,所以要重视骨干的培养和选拔。

二是精心栽培,细水长流。写作不是一日可以练成的,需要一段时间的练习。通讯员队伍建设必须要有长远的眼光和打算,既要抓好眼前,又要着眼未来,建好梯队,使通讯员队伍力量充足,后继有人。

三是物质奖励要适当,精神激励要跟上。有的单位有稿费和各种奖励制度。这是重视新闻宣传工作的表现,但是要注意适可而止。企业管理者对新闻宣传工作者进行管理时,要综合考虑企业管理和薪酬制度等因素,建立适当的物质奖励制度,给予一定的精神激励,例如,评选优质作品奖;在评先树优中,在同等条件下,优先考虑获奖作品创作者。这些措施都能起到一定的激励作用。

通讯员队伍建设是“前人栽树,后人乘凉”的工作,是站在企业长远发展的大局上应该考虑的问题,无论下多大的功夫都值得。

## 选对人,是做好新闻宣传工作的基础

领导的认识和重视是做好工作的前提,具备工作能力的人是做好工作的基础。基础和前提条件得到保证,我们才能做好新闻宣传工作。两者相比较,合适的人选更重要。

在企业中做新闻宣传工作的人,必须有一定水平的写作能力、新闻策划能力和活动组织能力,最重要的一条是“必须热爱写作”。

热爱是干好一切工作的前提。比起技术、财务等专业工作,新闻宣传工作要求高,待遇低,成长路径狭窄,成长期长,优点容易让人看到,缺点也暴露得快。对新闻宣传工作不够热爱的人,很快就会转行,或者对工作应付了事。

除了热爱写作,学习和接受新事物的能力必须要强。从报纸到网站到微博再到微信、抖音,新闻宣传媒介不断发生变化,每一次变化对从业者的能力要求都是颠覆性的,适应不了新事物而被淘汰的大有人在。正应了张泉灵那句话:时代抛弃你的时候,连一句再见都不会和你说。未来,新闻媒介会发生什么样的变化,谁也无法预料。我能想象到的是将来会有一个机器人,在生产现场采访,然后直接输出音频、视频和文字稿。

热爱写作、学习和接受新事物的能力强的人,才能在工作中更好地实现个人价值，个人的职业生涯才具备相应的成长性，才会把新闻宣传工作做得风生水起。

## 要选拔精干的员工承担新闻宣传工作

从一个单位是否有新闻宣传工作人才就可以判断领导是否重视新闻宣传工作。有的单位人才辈出，有的单位却总嚷嚷着找不到能做这项工作的人。不是单位没有人才，而是看领导是否舍得让有能力的人来做。

工作能力出色的人有一些共同点：积极主动，善动脑筋，有主意、有办法，脚踏实地，开拓性强等。这样的人做什么工作都会出成绩。“干一行行一行，一行行行行行；干一行一行不行，一行不行行行不行”的说法是有道理、有根据的。有的单位领导不舍得把有实力的人放到新闻宣传等与企业生产经营黏合度不高的岗位上，习惯性地把专业不对口、能力不强、不好安排的人放到这类岗位上。但是这类岗位设置数量又极少，大单位有两三个，小单位可能只有一个。工作能力不强，难以胜任相关工作，又不与同行交流、沟通，工作效果可想而知。

新闻宣传工作和党建工作在用人方面有共同之处：人力资源在精不在多，只要大单位有几位有能力、有实力、有魄力、敢担当的人，就能把工作开展起来，小单位甚至有一位这样的人就可以开展工作。几年时间就可以打下扎实的基础，后续工作就好开展了。

人才是培养出来的，有人带动也是培养方式之一，就像长跑训练需要有人在前面领跑一样。要想开展好新闻宣传工作，首先要培养出几个先进典型，以点带面，带动更多的人参与到工作中来。只有这样，新闻宣传工作才能做出影响力。

## 新闻专业的员工与有写作特长的员工,哪一种更好

有同行咨询,在企业做新闻宣传工作,招聘新闻专业大学生和在企业中选拔有写作特长的员工,哪一种方式更好。这是一个"蛋生鸡还是鸡生蛋"的问题。

理论需要与实践相结合。新闻学专业的大学生在学校里学的是理论,企业新闻写作是实践。大学生是否适合做这项工作,能不能在工作中做出成绩,全看自己能不能将理论和实践结合起来。

不同大学的新闻专业学生学的是相同的新闻写作、编辑、摄影等理论知识,而企业却各有各的实践内容。例如,在制药企业做新闻宣传工作,必须要懂一些制药方面的专业术语、生产经营模式和生产流程;在施工企业做新闻宣传工作,必须要懂施工专业术语、生产经营方式和基本管理要素;在酒店餐饮企业做新闻宣传工作,要懂得专业术语、营销策略、品牌宣传模式。新闻专业的高才生进入企业之后,也会一头雾水,必须经过一番"寒彻骨"的锻炼,才能得到"梅花香"。

企业新闻毕竟不同于社会新闻,企业所涉及的相关行业知识,是新闻宣传从业者必须熟悉的内容。如果药剂学专业、工程专业、酒店管理专业的企业员工,有写作特长,稍加培训,可能更快上手。

## 阅读是一场终生的旅行,新闻是其中必不可少的风景

对新闻宣传工作者来说,读新闻是和写新闻一样重要的日常功课。对初学者来说,读新闻比写新闻更重要,学习的意义更大。

因为时效性要求高,新闻又被称作"快餐作品",但是"快"并不代表质量差。有的新闻作品文采飞扬如经典华章,有的行文流畅如行云流水。文章内容记录的是社会现实,相当于命题作文,更能反映出作者的功底和笔力。新闻题

材与体裁撞车的概率大,有一定的参考学习价值。

读新闻也是一种新闻写作学习方法。实践证明,“理论+实践”是最快的学习方法。学习了消息结构理论知识后,找长短不同、题材各异的多篇作品,和理论知识一一对照,标题为什么这样起?导语为什么这样写?主体包括了哪些内容?背景包括哪些内容?等等。如果写新闻相当于“吃猪肉”,拆解多篇新闻作品,就相当于“见过猪跑了”。

所以,在写新闻之前,要先阅读大量的新闻作品,要读好的,也要读差的,甚至要读劣质的新闻作品,进行分析、鉴别和对比。提高了鉴赏能力,就相当于提高了新闻写作能力和理解能力。

新闻包含政治、社会、民生、经济等各个方面,经常阅读重量级新闻,也可以扩大知识面,提高理论水平。

阅读,是一场终生的旅行,途中有不同的风景。新闻作品,是其中变化最多、必不可少的那一道。

## 如果喜欢,可以把新闻宣传当作一项业余爱好来培养

在企业里,无论哪个年龄段的人,都可以把新闻宣传当作一项业余爱好来发展。尤其是在一线工作的人和处于职业生涯初始阶段的人,开始不要有压力,也不要那么功利,就把新闻宣传当作一项业余爱好来培养、来发展:在繁忙的工作之余写写工作感受,记录现场动态和项目进展,哪怕是写一写工作日志也行。

我本人所在的企业,有一位技校毕业的工人,他三十多岁开始练习新闻写作,开始写的作品是“豆腐块”之类的简讯。他写起文章来很困难,百十字都算长的,写的文章也算不上通顺。一两年坚持下来,简讯变成了消息,有头、有尾、有过程。他坚持写了四五年后,不仅对一线项目所涉及的工程节点、党建动态、人物和工作通讯等各类文体信手拈来,而且成了刚参加工作的大学生的师傅,还从挖掘机司机晋升为支部书记。

有多位刚参加工作的大学生，在做好技术工作的同时，承担起项目宣传工作，越做兴趣越高，作品也越写越好，进步得非常快。有一位工程专业的大学生写的新闻作品量大质优，毕业一年后，我们准备把他调入宣传部门从事新闻宣传工作时，所在单位也准备把他提拔为项目副经理。

以上两个案例都不是鲜见的个例。

对于在一线工作和初入职场的年轻人来说，培养这项业余爱好对成长益处多多。第一个价值是可以提高写作能力，而写作是一项集阅读能力、观察能力、思考能力、理解能力、文字表达能力等多种能力于一身的综合能力。第二个价值是可以促进自身业务水平的提高。一般写管理新闻都是从自己熟悉的、密切相关的工作写起。我们常说“人人心中有，个个笔下无”，能做和能写是两种差别很大的能力。能把和业务工作相关的管理动态或者业务拓展新闻写清楚、写明白，就会成为专业内的佼佼者。第三个价值是可以系统、全面地了解管理过程。第四个价值是可以在领导和同事中留下良好的印象。同一专业的工作人员在领导眼里都是同一张脸的时候，能兼职做新闻宣传工作的人就会从中脱颖而出。

无论从哪一个方面讲，写作都是一项值得拥有的能力。如果喜欢，就把新闻宣传当作一项业余爱好来培养。等到爱好发展成特长，它就会成为你成长的台阶，为你的进步助力。

## 性格要开朗，心态要年轻

企业新闻宣传工作者也是新闻工作者，要与各个年龄段的人打交道，要采访不同年龄、不同专业、不同性格的人。

先说企业新闻宣传工作者为什么要性格开朗。新闻宣传工作与企业其他管理工作的不同之处在于，企业新闻宣传工作者要与各个专业的人打交道，还得从中采访到所需要的写作素材。这中间必须有一个深度交谈的过程。作为采访者，不仅要健谈，还要善于引导、善于发问。并不是每一位采访对象都愿意配合,在采访对象不配合的情况下,采访者必须要有一定的心理承受能力,才能完成采访。性格不够开朗的人是很难完成采访的。

宋朝苏轼在《答张文潜书》中写道:“其为人深不愿人知之,其文如其为人。”有的人不愿意和别人深入地交谈,不喜欢分享自己的经历和感受。这种性格的人不适合做新闻宣传工作,也不适合做采访对象。

我们都知道“文如其人”这句话,新闻语言要灵动、丰富,紧跟时代。随着年龄的增长,人的阅历也会越来越丰富,阅历会提升人对世事的宽容度,会升华人的境界;但是也会使人的感觉变得麻木,使人的思想变得狡诈,前者会增加人的智慧,而后者会使人的心态封闭。一个人如果对新鲜事物不再感兴趣,对外界的变化不再敏感,就不再适合做新闻宣传工作。

新闻宣传工作不是年轻人的事业,是“年轻心态”的事业。只有心态年轻的人,才会敏感地感知到人情冷暖,感觉到时代的脉搏,才愿意做这项付出多、回报少的工作。

## 对写作来说,比方法更重要的是态度

经常有人谦虚地向我请教写作方法和工作方法。但凡我懂的、我知道的,我都会一一相告。关于新闻写作的多篇文章来自他人提出的问题。但是交流多次之后,有的人成效显著,有的则鲜见变化。观察对比之后,发现了二者的不同之处——态度不同。

方法易得,态度难改。

在一线工作的企业新闻宣传工作者大多是兼职通讯员,新闻稿件经常反复修改。有的通讯员在交流几次以后,就能写出导语精练、主体内容信息丰富、结语概括有力的新闻,有的还能进一步交代新闻背景;而有的通讯员厌烦修改稿件,觉得这是吹毛求疵,写出来就行了,为什么一定要按“导语、背景、主体、结语”的结构来写?我告诉他这是最简单也是最快上手的方法,他还是觉得没有必要写得这么复杂,认为会写能写出来就行了。

写作态度更是直接成为专职新闻宣传人员发展的分水岭。新闻毕竟是一类专业写作，与个人的学习能力和知识面息息相关。态度认真的人，就会认真学习、研究写作理论等相关知识，新闻写作水平会越来越高；态度敷衍的人，就会得过且过、应付了事。我见过从事多年企业新闻宣传工作只会写会议报道的人。

新闻属于非虚构写作类型，企业新闻是其中最简单的一种文体。受企业环境的限制，出于宣传本身的需要，企业新闻没有很大的创作空间，易上手、易操作。大学毕业刚参加工作的企业员工，如果有一定的写作基础，只要用心学习，勤奋写作，很容易成为行业中的翘楚。

只要端正态度，认真写作，即使是在企业新闻宣传岗位上，也一定会有值得期待的职业生涯。

## 做好企业新闻宣传工作需要乙方思维

有合同关系存在的行业，就有甲方和乙方。在工作中，甲方思维和乙方思维是很有意思的现象。

具有甲方思维、乙方思维的人在为人处世、做事方法等方面都不相同。最重要的不同是心理定位，具有甲方思维的人习惯“我说你听，我命令你执行”；具有乙方思维的人习惯“我听你说，你命令我执行”，即使有问题，也是“我先听你说，咱们再研究再商量”，也就是企业生产经营过程中经常说的“合同变更”。

从态度上更容易区分，具有甲方思维的人态度强硬，说话用命令的语气；具有乙方思维的人态度柔和，说话用商量的语气。

在企业中做新闻宣传工作的人，一般会在总部或者在子企业总部工作，上下级管理体系导致甲方思维比较严重。就我的观察总结来看，这是造成新闻宣传工作质量不高的主要原因之一。

做新闻宣传的人，需要以积极主动的态度开展工作，要睁开眼睛找新闻，不是等着新闻主动送上门。有的新闻宣传工作者习惯等领导安排，或者等同事提供新闻线索。能让非新闻宣传工作人员主动传播的新闻一定是所在企业的大事件。坐等这样的新闻，无异于守株待兔。兔子会有，但是饿死的概率更大。

无论是“贴近实际、贴近生活、贴近群众”的“三贴近”要求，还是增强“脚力、眼力、脑力、笔力”的“四力”教诲和期待，都要求从业者沉下身子，用眼睛观察、发现，用脚跑新闻，用大脑思考，用朴素平实的语言写出受众喜欢阅读的新闻作品。

要把新闻宣传工作做到位、做出彩，从业者就要用亲和力强、主动性强、积极配合的“乙方思维”开展工作。

## 多头领导情况下，一把手的意见很重要

新闻宣传工作的特性之一是面向企业员工，面向公众，所以要做好接受企业内外人士指导和批评的准备。尤其是在企业内部，随时随地有各级领导来提意见。“多头领导”是新闻宣传工作必须面对的现实。多位领导意见不统一是预料之中的事。有二十位领导就可能会有二十条难以相互融合的意见。怎么办？

叶：把问题分一下类。

巨：怎么执行呢？

韦：列出条目给一个能拍板的大领导看，最终由一个领导拿出最终意见。

巨：给领导出难题，你厉害。

张：巨老师，单位有二十个领导，这件事难度确实有点儿大。如果领导少一些，夹心饼干还好当一些。我们可以了解每个领导的真实想法。他们的想法总会有一个出发点，我们在出发点上寻找共同点和契合点，然后进行沟通，逐个击破，取得每个领导的信任，最后提出整理后的建议。

巨：我们总结的经验是，在正确或者没有错误的前提下，听一把手的。

从企业管理的角度来看，合理比正确更重要，适用性比水平和层次更重要。

## 严谨认真、主动作为，是新闻宣传工作的标配

每一项工作都有自己的特殊性，新闻宣传工作的特殊性就在于它的公开性：编和写的结果都要发布出来，才能起到传播的作用。写了不让人看那叫“日记”，写了报道并在媒体上发表才叫“新闻”。

公之于众的结果就是众人监督，所以不能出现低级的错误或者太明显的错误。这就对从业者的综合能力与素质有了一定的要求。

有的人工作出了错，可能只有直属领导或者周围的几位同事知道；文件上有错别字或者其他错误，只有仔细看过的人知道；新闻宣传工作出了错，有可能天下人都知道，因为它的传播范围很广。

我出差有一个习惯，每到目的地，只要可以上网，先上企业网站看一遍新上的稿子。

有一年到国外出差，国外是凌晨，国内是上午，我打开网站一看，冒出一身冷汗：要闻标题有一个错别字，而且错得寓意不太好，赶紧往国内打电话让人修改。即使是这样，也还是有多位熟悉的同事截了图发给我。这是企业网站，如果是社会媒体，结果会如何？

从策划到写作到修改到编辑，每一遍都必须严谨认真。一篇文章经过三人校对之后，发现标题后带了一个句号。三人校对时都没有发现。写稿子，要尽最大的努力避免字词和语句错误；做编辑，更要有一双火眼金睛。

严谨认真、主动作为的态度和强烈的责任心，是新闻宣传工作的标配。要想做好新闻宣传工作，就必须以不应付的态度工作才行。

我不是说其他工作就可以应付，只是说有些工作应付应付也能蒙混过关，有些工作就算应付一辈子也不要紧。但是新闻宣传工作不行，要是应付就写不出稿子，编不出微信，报纸和网站就会不断出错。任何领导都不会任由一个经常出错的人在这个工作内容公开的岗位上工作。

## 经验是最好的老师

春节放假期间，我读了几本书，竟然在每一本书里都读到了“经验是最好的老师”这句话，其中一篇还是美国总统里根的演讲。

经验是指“从多次实践中得到的知识或技能”。经验只能从亲身经历中总结，除此之外，别无他法。新闻写作者必须经过一段时间甚至是很长时间的实战训练，才能写出像样的作品。

消息和通讯是看上去比较简单的两种文体。尤其是消息，有人认为不就是介绍一件事吗，没什么难度。有一句话叫作“人人胸中有，个个笔下无”，就是这件看上去没什么难度的事情，却成为新闻宣传的难题：很难见到内容完整、思路清晰的文章，大部分只能算是简讯。

## 文章不厌百回改，深思熟虑提升快

“好文章不是写出来的，而是改出来的。”鲁迅先生的这句话，算得上是中学语文老师提得最多的名人名言之一。几乎每一位教过我的语文老师都讲过多次。老舍先生也曾经说过：“文章必须修改，谁也不能一下子就写成一大篇，又快又好。”曹雪芹的《红楼梦》“披阅十载，增删五次”，这是只要谈修改文章就会出现的励志故事。

就像“读了那么多人生道理，还是过不好这一生”一样，有那么多修改文章的经典案例摆在我们面前，一些通讯员还是不愿意修改。更有甚者，不仅自己不愿意改，也不愿意让编辑改；宁愿把拧巴的文章和错别字一起发表，也不愿意让编辑改通顺。

虽然我们的文章只在企业内部媒体刊登，但是我们也应秉持着严肃认真的工作态度，对收到的每一篇消息和通讯都认真修改多遍。有不明白的地方，我们一定会和通讯员沟通好；对于不能发表的稿件，我们也会和通讯员讲清楚为什么稿件没有采用。

文章的修改真是一件非常重要的事情,不仅仅是为了让文章更符合发表要求,也是为了提高我们自己的写作能力和对事件的理解能力。

有一年到京沪高铁项目采访后,我激情澎湃,连夜写出了8000字的通讯。第二天早晨醒来,看到放在桌子上的打印稿时,我感觉不对,只是一堆采访材料的堆砌,没有升华,没有思考,字里行间没有平时那种从心里流淌出来的感情。我重新梳理素材,列提纲,精选故事,对人物和关键节点重新进行了匹配,一气呵成,又写了一篇万字通讯。最终,这篇通讯被包括集团媒体和《中国铁道建筑报》在内的多家媒体刊用,也被收录在京沪高铁济南指挥部编辑的书中。

那是已经做了八年新闻宣传工作的我,第一次推翻已经写好的文章,重新写作,而且是重新从完全不同的角度,以不同的风格写。也正是从那一次开始,消息、通讯、特写、评论等各种文体,我写得更加顺手。

我们对事件的理解不可能一次到位,必须进行深入的思考,这也是文章需要反复修改的原因之一。单位举行了一次培训,党校教授的授课非常精彩。但是通讯员写的第一稿切入点太低,对课程内容的介绍三言两语就完了。从标题到内容,我都进行了大的修改,标题从“转变工作方法”改为“提升管理人员的履职能力”,内容从“抄写几个PPT小标题”改为“总结提炼课程精华”,前后修改了六七遍。在修改过程中,通讯员逐渐找到了感觉,也理解了新闻写作的“同高同向”原则,认识到了不断学习、提升理解能力的重要性。

鲁迅、老舍那样的文学大家尚且要反复修改,写作水平只在入门级的我们想要提高写作水平,想要写出质量高一些的作品,就更应该重视修改,反复修改。

正是文章不厌百回改,深思熟虑提升快。

## 每一次写新闻，都是一次新的学习过程

有一次，我到安徽霍山项目组织笔会活动。在这次采访和写作过程中，我改正了自己的一个固有观念。以前写人物通讯，我选择的都是工作经历丰富、阅历丰富的人，因此形成了一个观念：有精彩的经历才会有精彩的文章。面对年轻人时，我总感觉采访对象经历与阅历过于贫乏。采访与写作都无从下手。

这次到了霍山项目，面对一群挑大梁的“90 后”，看着他们青春的脸上洋溢着坚定的神情，谈吐中体现着对工作满满的自信，我心里想：第一批“90 后”已经三十多岁了，环境变了，氛围变了，我们的观念和思维方式也必须要转变。

“90 后”积极配合采访，他们的阳光、开朗、自信使采访成为一场精神上的互动。他们的经历虽简单，但有感人之处。面对施工一线艰苦的环境，他们学会调整自己的心态；面对业主、监理，他们尊重对方也尊重自己；面对紧张的工期压力，他们有更加灵活的办法。他们继承了施工行业前辈们能耐得住寂寞、扛得住工期压力、挺得住各种困难的精神，为项目部的管理方式带来了多种改变。

已经成为父母的“90 后”，在新闻宣传的理念里，不再是“新人”。他们真实地表露自我内心的追求，他们的成长同样有可以讲述的精彩故事。

是人改变了环境，不是环境改变了人。我们要把每一次写新闻，都当作一次全新的学习过程，观察、体会企业发生的变化。

## “我现在把写作锻炼的机会留给了近两年的大学生”

“我现在把写作锻炼的机会留给了近两年的大学生，主要任务是修改稿件。”这是一位比我年轻 20 岁的同事在 QQ 中的交谈内容。我给他的建议是最好坚持写，如果真有他说的这种需要，可以把简单的动态消息交给初入职场的大学生来写，自己创作一些有难度、有高度的新闻稿件。

“文无第一,武无第二”,这是中国的一句俗语,有深刻的道理。能写好一篇文章,不一定篇篇都好;一段时间内写得顺手,不一定年年顺手。写作经历就像山脉一样,笔下的文章就像连绵的群山,而高峰可能只有一两座、两三座。即使是著名的作家,也不是篇篇文章都精彩,何况是我们这样的凡夫俗子。

为通讯员修改稿件不是动动标点,改掉错别字,整理一下段落层次,按自己的标准顺一顺就可以了,而是需要功底、需要思考的。功底从哪里来?从学习中来,从写作练习中来,从和同行的交流中来。

这样做还有一个后果:增加惰性。惰性是人的一种本能,越不写越不想写,越不想写越写不出。有人曾经写文章写得非常精彩,放下后就再也写不出像样的文章。

为什么要开展“走转改”活动?为什么要反复强调“接地气、顺民意、暖人心”?都是为了让新闻报道更加贴近现实生活,贴近社会现实。企业新闻宣传报道也是同样的要求。只有坚持亲身实践,才能不断地发现新闻,不断地写出好新闻。

思考和关注都是可以养成的惯性行为。我本人只要到项目上,就会随时留意新闻宣传报道线索,而且在每个项目上都能发现与众不同的、有宣传报道价值的新闻。食堂是一个项目上最不被人注意的地方。到某项目上去采访时,我们发现这个项目的食堂菜品丰富、干净卫生,职工评价也很高。以此为素材,我们不仅写了特写,以此为主题策划的微信,阅读量还超过了平均阅读量的三倍多,留言数量也超过了精选条数限制。

“虽有佳肴,弗食,不知其旨也。”写作是同样的道理。只有自己掌握更多的写作知识,写出更好的文章,不断地提高写作能力和理解能力,才能更好地指导年轻员工,才能更好地修改稿件。

要做好新闻宣传工作,只有一条路:不断地写,不断地总结,不断地提高。

## 热情和友善的人更适合做企业新闻宣传工作

一位分管新闻宣传工作的单位领导说:"安排了一个中文专业的大学生做新闻宣传工作,你多带一带。"打了几次交道后,我发现他是一个性格冷冰冰,问三句勉强答一句,对新闻宣传工作没有任何兴趣的人,显然不适合从事需要与人打交道、需要积极主动寻找和发现新闻线索的宣传工作。

先说兴趣。"兴趣是最好的老师"这句话不仅为人们所熟悉,也被大多数人认可。兴趣会引导人们进行深入的研究,也会激发人们做事的热情。企业新闻宣传工作"说起来重要,做起来次要",没有领导督促,没有硬性指标的规定,对这项工作没有兴趣的人很难坚持下去,更难做出成绩。

再来说性格。职业生涯规划中有一项"职业性格测试及职业匹配分析"。从个人角度来说,性格不仅影响着一个人对职业的适应程度,也决定着职业发展的深度和高度;从业务工作角度来说,从业者的性格决定着工作质量和业务工作开展的广度。

严谨细致的人适合做质检和财务工作,开朗机智的人适合做营销工作,新闻宣传工作同样有自己的职业人格特征,热情、积极、友善等开朗的性格与职业的匹配度较高。让一个不爱说话、不喜欢和陌生人打交道的人做新闻宣传工作,对工作和个人都是致命的打击。

时代已经为企业和个人提供了多元化的选择,企业可以根据个人的性格特质和爱好安排岗位,个人也可以根据自己的性格和兴趣选择适合和喜欢的工作。

文字是有温度的,性格冷淡的人写不出激情四射的文章。要想把新闻宣传工作做出色,就要先选择"合适的人"和"喜欢做的人"。

# 积极主动是基层通讯员做好工作的关键

想成为一名优秀的基层通讯员，积极主动是关键。

基层管理工作千头万绪，领导需要抓住主要矛盾，做好主要工作，一般只有重大事件或者特大事件发生时，领导才会安排通讯员写新闻，这种工作安排相当于“为写作定调”——明确宣传哪些内容，从哪个方面入手，等等。而日常新闻报道则需要通讯员主动寻找新闻线索。

基层通讯员能力要达到一定的水平，满足基本工作要求，需要具备一定的“脚力、眼力、脑力、笔力”。这四项能力不是天生就有的，需要在日常工作中勤奋练习才能获得。

首先，积极主动地进行日常练笔，提升笔力。提高写作水平，必须有一定量的写作练习，领导安排的少量工作是不能满足练笔需要的。因此，基层员工要多发挥“脚力”的作用，多走、多看、多观察，寻找在一线发生的精彩故事，文章写得多了，笔力自然会随之提高。

其次，积极主动地为“眼力”提供阵地，提升脑力。我们都知道基层是新闻的“富矿”，但是这座“富矿”需要勘探才能被发现。通讯员只有走进“富矿”，才能发挥“眼力”的作用，看到流光溢彩的“矿产资源”，“开挖”出好作品。不看不观察，再富的矿也只能被掩埋在地下。到一线采访时，我经常发现被通讯员埋没的“钻石级”新闻。

提升脑力需要有思考对象，需要边做边学习，边研究边思考。而主动走到一线，发现新闻线索，并思考如何写出精彩的作品，是提升脑力的必经路径。

最后要强调一点，坐在办公室里等不来新闻，更等不来优秀的作品。基层通讯员虽然多为兼职，但是承担着一个团队的宣传责任，需要抽出时间多到生产现场走一走，看一看，发现新闻线索，写作精彩的作品。

积极主动是提高“四力”的前提条件，也是基层通讯员做好工作的关键。

## 每一篇新闻都体现着作者的责任感和担当力

来稿中经常会出现一些不符合新闻宣传工作要求的文字和照片，作者最常见的回答是："领导让我这么写，领导选的照片。"

领导有领导的角度和看法，新闻宣传工作有新闻宣传工作的要求和标准。当领导提出不符合新闻宣传工作标准的要求时，我们不能不管不顾地一股脑儿地都写上去。这样做，首先说明作者没有新闻宣传工作常识。在明知领导的提议不符合要求的情况下，还照做，那就是作者缺乏责任感和担当力。

在做新闻宣传工作的过程中，我没少解决通讯员带来的问题。有些单位领导不听解释，把状告到主管领导那里去，由此引起的"暴风骤雨"，我也遇到过几次。

责任感和担当力是一个人成长不能缺少的品质。有责任感和担当力的人，不论交给他多么重大的任务，他都能一肩荷担，当仁不让，并有力量去完成，让人放心。

千万不要以为按照领导的要求做了，领导就会满意。一个对工作没有正确的概念和认知，不愿意对工作负责的人，领导是不会满意的。

## 掌握企业管理基本常识

"完成年度计划的116%"，面对企业管理中最常见的一类数据统计方式，做新闻宣传工作的同事提出了这样的疑问："有这种说法吗？"这是缺少企业管理基本常识的表现。

作为一名企业员工，无论从事哪一个岗位，都需要掌握企业管理基本常识，做新闻宣传工作更是如此。数据和事实是新闻中最有说服力的依据，各类统计数据是需要经常涉及的写作内容，多学习数据统计方式，多研究财务报表，对提高新闻写作水平是有裨益、有帮助的。不会应用数据统计方式的新闻宣传人员不是企业的好员工。

新闻宣传工作涉及企业管理的多个方面，以生产经营、党建工作、项目履约等内容为重点。要策划出好新闻，必须了解企业管理的重点在哪里；要写出好新闻，必须了解企业管理的亮点在哪里。总之一句话：不懂的事情，肯定做不好。

做企业新闻宣传工作，企业管理知识面当然越宽越好。经常学习企业管理和企业文化知识，提高企业管理理论水平，不仅可以使企业新闻宣传人员更加优秀，成为一名成长性强的优秀员工，还有可能拓宽企业新闻宣传人员的职业发展路径。

## 活动新闻要出彩，需要提前策划

某项专题活动结束后，领导后悔没有在上级媒体上发表相关新闻，而且也没有在活动简报上刊载活动信息。

企业经常以某种主题开展专项活动。这类新闻要出彩，从活动开展方案到新闻写作，都需要提前策划。

整个活动流程只是按照“规定动作”进行，形式简单，内容简略，仅仅是“把事情做了”而已，就像小学生按照老师的要求完成了一份日常作业，而且写得马虎、潦草，是不可能出彩的。

没有一个事件是独立的，为什么新闻要独立写？开展该项活动的目的是提高管理水平和员工素质。我们可以把这项活动和企业以前开展过的同类型活动相比较，可以把这项活动与日常管理进行纵向联系和横向联系，可以把员工在活动中收获的知识、受到的教诲、参与的人数和方式等多种信息综合起来，写一篇有思考深度、有效果体现、有活力、有人文色彩的新闻。

新闻报道只是简单地停留在活动简报层面上，没有信息含量和过程报道，不可能成为重要新闻。

有同事提出，策划活动不就是造假吗？围绕主题提前策划活动内容和流程，做好跟踪采访报道，不是造假，而是让活动开展得更扎实，更有实效。

至于专项活动如何策划，这是另外一个重大话题，在这里就不展开讨论了。

## 新闻只有一天的成功，没有成功的一天

某天的微信推文做得非常失败，因为是节日应景之篇，一直修改至下午下班前才发出。虽然没有耽误时间，但是真做成了“应景文章”，心里非常遗憾。

某天集团报纸上刊登了我所在企业的一篇工程通讯，这是文章作者作为一名通讯员第一次在集团报纸上发表文章。我为通讯员感到高兴，他也获得了小小的成就感。

十七年前，我在《德州日报》工作。有一天，我策划的版面获得了极大的好评，我非常开心。主编告诉我：新闻只有一天的成功，没有成功的一天。

每一天的世界都是新的，每一天的新闻必须比世界更新。做企业新闻宣传工作，因为局限性比较大，更难做到期期精彩，不可能天天都有好文章。

有一些是可以做到的：犯过的错误要成为经验，不能一犯再犯；得到的教训必须吸取，让教训成为前进的阶梯，而不是陷阱；总结出的经验也需要及时更新，以跟上每天都在变化的世界。

做新闻宣传工作的每一天都是这样，有成功，有失败；有喜悦，有遗憾。干脆“应景到底”，用“应景总结”来结尾：新闻宣传工作苦乐参半，如同我们的人生，含有丰富的人生智慧。

## 让脚底板动起来

“脚底板下出新闻”是新闻从业人员耳熟能详的一句话。企业新闻宣传从业人员，更应该“让脚底板动起来”。

企业是从事生产经营活动的社会经济组织。作为管理内容之一的新闻宣传工作不直接产生利润，没有硬指标考核，相对自由度较大。从事新闻宣传工作的专职人员，积极性会高一些；从事新闻宣传工作的兼职人员，则经常以其他具有“硬指标”的工作压力大、工作忙为借口而应付了事。

习近平总书记对新闻工作者明确提出了“四力”的要求：“好的新闻报道要

靠好的作风文风来完成,靠好的脚力、眼力、脑力、笔力得来。”这同样适用于企业新闻宣传工作者。

要想练出“四力”,首先要做到的就是勤练“脚力”,多走,多看,多观察,多思考,才能在日常工作生活中发现好的新闻点。

一、多跑生产一线,多和一线员工交流。一线是新闻的富矿,是新闻的主要来源。每天坐在办公室是新闻宣传工作的“天敌”。虽然现在有电话和网络,联系沟通很方便,但远没有面对面的采访效果好,更没有亲眼看到的那种冲击力和体验感,而感受和体验本身就是新闻写作的一部分。每天到热火朝天的现场走一走,看一看,发现、挖掘新闻,不仅可以提高自己的新闻敏锐度,也可以为自己积累写作素材和资料。

二、主动找领导多交流,在交流过程中发现新闻。经常有单位领导对我们说:“我们某某项目有个小伙子很优秀”“我们单位安全月开展了很多有新意的活动”……这些都是好的新闻点,但是却没有稿子报上来。我问所在单位的通讯员,大部分的回答是“没有听领导说过”。通讯员要有意识地多和领导交流,既可以了解领导的关注重点,也可以了解领导最近在一线出差时看到的新人新事,一举两得,何乐而不为?

三、主动和同行多交流。企业新闻宣传工作具有特殊性,一个单位内部从业人员很少,交流学习的对象只有几位同事。时间长了,大家看问题的角度、写新闻的思路,甚至是文章的结构和语言都会“越长越像”。结果就是要么题材撞车,要么不同的内容写出了相同的意思。但是不同单位的同行,尤其是跨行业的同行,因为所处企业生产经营内容不同,企业文化不同,工作氛围不同,人际交流环境不同,企业管理标准不同,等等,所以双方在交流过程中可以学到新内容、新创意和新思路等。“没有比较就没有伤害”,在和同行的交流过程中,我们可以发现工作中存在的不足之处,也可以学习对方策划新闻的方式和方法。

要想练出好的“眼力、脑力、笔力”必须先有好的“脚力”。只有“让脚底板动起来”,才能在企业新闻宣传工作中走出一条属于自己的路,开出一片广阔的天地。

# 喜欢，是做好企业新闻宣传工作的重要前提

虽然说“新闻宣传工作也是生产力”，但对于以“发展为第一要务”的企业来说，它毕竟不是第一生产力，也不是能够直接产生效益的生产力。因此，无论在哪一家企业，新闻宣传工作都不会作为主要业务来经营。选择做这项工作之前一定要认清这个事实。

它既然被称为“生产力”，就必须要具备基本要素——生产资料、劳动对象和劳动者。这里的劳动者就是新闻宣传从业人员。

什么是做好这项工作的前提条件呢？

通过多年对从业者的观察和思考，我认为“喜欢写作和阅读”是做好企业新闻宣传工作的重要前提。

在二十多年的工作中，身边从事这一行的人员来来去去，有转行做秘书的，转行做工会的，转行做办公室工作的。真正能做出成绩并且一直留在这一行的人都是喜欢新闻的人。

喜欢这一行的人，才会主动搜集新闻素材，才会做到脑勤——多思考，多提炼；眼勤——多观察，多注意身边发生的新变化；口勤——多问，多了解；脚勤——多到一线主动寻找新闻素材；手勤——多写，多练。“五勤”中少一项的人，都不会成为一名合格的从业者，更遑论不喜欢这一行的人。不喜欢，就会敷衍了事，得过且过，就不会主动寻找写作题材，不会自我加压，不会主动和同行交流写作体会，不会阅读专业理论书籍，而这些恰恰是不断提高工作能力和写作水平的“法门”。

喜欢这一行，再选择这一行，不要让一项自己不喜欢的工作成为人生的负担。同时，单位也要找那些喜欢写文章的人从事这项工作，而不是随意安排一个人来做。有几年的新闻宣传工作会上，我在给领导写的工作报告中总会写上一句：“不要把新闻宣传当作安置型岗位。”后来发现实在起不到效果，我就不再写了。第一，有人事决定权的人不会来参加会议，写了也白写；第二，没有专业知识的人，做不了对专业理论水平要求高的工作，如设计、技术、财务等岗位。因此，企业只能把这些人安排到专业性相对不强的新闻宣传岗位。被安排的人

如果不喜欢这一行，结果只有一个：写的文章不理想。有的人在一年内甚至在更长时间不写一篇稿子，只是把本单位通讯员的稿子上传到网站上或者发到上一级部门。

一个从来不写新闻的人，会对这项工作有思考、有规划、有热情吗？在工作岗位上会有成长吗？

误人误己的事，不如不做。

## 写作是一项使人终生受益的能力

作为一名在企业工作的专职编辑，每隔一段时间，我就会遇到一次抄袭问题，让我防不胜防。对于抄袭的稿件，除了不予发表，好像也没有其他方法。

为了解决这个问题，我们采取了多种措施：在宣传群里进行提醒，给抄袭者单位负责宣传工作的同事反馈，在培训班上把抄袭作为一个问题进行强调……这些措施都没什么用，抄袭现象还是会发生。

多年前，有一位作者写了一篇文字优美、人文情怀浓厚的游记。当时，我还是一名新编辑，心里还想：这作者的水平太高了，哪天要认识认识。这篇稿子发到网站不到半天，我就接到了原作者的电话，人家的文章原来发表在《人民日报》大地副刊上。说我被惊掉下巴一点儿也不夸张吧！

后来博客盛行，不少写作高手隐于其中。有一天，我收到一首描写关中平原风物的长诗。我心里想：作者不是关中人，怎么可能在诗中写出一种怀念家乡的苍凉情调呢？我一边猜疑着，一边在网上搜。原来，这是一位网红博主的大作。

现在网络如此发达，复制粘贴很方便，人家作者搜索起来同样方便。企业网站下方有电话号码，企业报纸上也印有电话号码，作者发现自己的文章被人抄袭，一个电话打过来，抄袭者和编辑都会处于难堪的境地。如果作者再截图作为证据进行起诉，后果会更严重。

对于抄袭，法律有严格的界定，整段复制就不说了，对“观点抄袭”和“句子抄袭”都有清晰的定义。

这里举一个例子。除了整段拷贝,以下几种情况仍然属于剽窃:(1)删除其中几句;(2)颠倒句子顺序;(3)增加几句;(4)只改变一些动词和少量的词,但是整体结构一样。

我本人比较喜欢写东西,有二十多年的写作经验,对写作这件事也算有点儿体会。

根据我在工作中的经验和观察,写作是一项使人终生受益的能力,值得培养,也值得我们花心思去提高这方面的能力。无论我们做什么工作,都离不开基本的写作能力。起草文件、会议通知、各类发言稿、述职报告、出差报告、工作预案、工作总结、工作要点、策划方案……无论我们从事哪一项工作都需要具备一定的写作能力。而且,编写这些材料与写小说、散文、诗歌等需要文学功底的文章又有所不同。只要用心学习和勤加练习,我们就可以写好,而且还有可能成为材料写作高手。

如果你喜欢新闻宣传工作,就认真写稿子,认真学习写作知识,慢慢地培养、提高自己的写作能力,千万不要抄袭。

## 解决催稿难问题,制度是上策

"一个消息稿,我打电话催了四次。第五次,我找了领导,稿子终于完成;另一个消息稿,找作者两次,找部门主任两次,至今无结果。"这是一位同事在新闻宣传群中的留言。

制度是最好的老板,流程是最好的管理。新闻宣传同样需要制度和流程管理。解决催稿难问题,人情靠不住,制度才是上策。

新闻宣传工作是企业管理的内容之一,但是与财务管理、技术管理等业务不同。这些业务部门只要在自己的业务范围之内精耕细作就可以了,但新闻宣传工作是全局性工作,涉及企业管理的方方面面。要想做好企业新闻宣传工作,从业人员必须关注全局,了解各项业务发展的新动向和取得的新进展、新成绩。

在实际工作中,因为缺少相关的考核措施,新闻宣传工作人员的积极性不高是确实存在的问题。催稿难问题,我刚做新闻宣传工作时经常遇到。我一遍又一遍地催,对方答应得非常好,但是就是不见回音,无力感、挫败感使我非常沮丧。后来在有经验的同事的帮助下,我把这个问题解决得非常彻底,解决办法是把交稿时间纳入各部门年度考核指标。

利益是行动的动力。对于与自己的利益无关,又不在自己工作职责范围之内的事,人的积极性不高是必然的。把这项工作纳入年度考核指标就不同了,看似不相关的新闻宣传工作就变成了与部门利益、个人利益密切相关的事。结合工作任务和性质制订适当的考核指标后,大家就会在脑子里留下一根弦,这根弦就会起到提醒作用:"哦,这个月我还要完成三篇稿件。仔细一想,还真有几件事情需要报道一下呢。"一般情况下,大家会超额完成任务。

新闻宣传工作做不好的单位,其他工作也不会好到哪里去。

## 在领导不重视的地方,也有长成参天大树的机会

无论在企业从事哪一项工作,都希望得到领导的关注,这是人之常情。我们每年写工作总结或者报告,都喜欢在第一段写上"领导重视""措施有力""成效显著"等类似的小标题。实际上,新闻宣传工作很难得到领导的重视。这里有先天的原因,也有后天的因素。

每一样好处都有它的负担。领导重视的工作,我们既要盯着过程,也要盯着结果。做这种工作时,我们必须跟着领导的思路走,自由发挥的范围就会缩小。对于领导不重视的工作,想起来就过问几句,忙起来就抛之脑后,做起事情来有自由发挥的余地。

新闻宣传工作,我们以前说过,因为工作性质的原因,不可能成为企业主要领导日常关注的重要内容。但是做这一项工作的人,却不能不重视它,要想办法把自己负责的这片天地打造成职业生涯的乐土,把自己培养成企业这片茂密森林中的一棵大树。

积极主动是做好新闻宣传工作的重要前提。在日常工作中,无论是寻找、发现新闻线索,还是策划新闻专题、组织新闻宣传活动,积极主动地开展工作是

基础，也是新闻写作和宣传活动成功的基础，因为新闻宣传工作的每一步都需要在没有人督促的情况下，由我们自己来开动脑筋寻找最好的思路和方案。为什么消息写了两三句就觉得没什么东西可写了？因为你没有主动地挖掘事件背后的内容。为什么通讯写得干巴巴的？因为你没有主动地进行深入的采访。为什么语言轻飘飘的？因为你没有进行深入的思考。为什么领导不重视新闻宣传工作？因为你没有让领导体会到新闻的影响力。

不可能每一棵树都生长在肥沃的土壤里，同样，也不是每一个人都有机会遇到伯乐。树从来不选择成长的环境，人也不应该寄希望于别人的重视。写作，从来是一场一个人的狂欢；新闻宣传，也应该是一项安安静静地完成的工作。

坚持阅读、思考、写作，不仅会让自己在工作中大放异彩，也会让自己体会到成就自我的美好感觉。

## 如何理解领导对文稿的修改意见

文字的处理这件事，最能说明领导也是正常人。作为一个正常人，领导对文稿提出的修改意见有可能是对的，也有可能是不对的；有可能是方法上的，也有可能是学术上的。

因此，对于领导提出的修改意见，我们首先要抱着谦虚的态度去理解和接受。但是任何文字性质的创作都带有主观性，文字字义本身就是有弹性的。每个人读过的书不同，看事情的角度不同，经历和年龄不同，阅历和经验不同，导致每个人对同一段话的理解都不同，甚至对文字的使用习惯也不同。即使是同一篇文章、同一段文字、同一首诗，同一个人在不同的心理状态下、不同的年龄段的理解也不同。作者自身不能以自己的主观理解坚持己见，要拿出正解的态度来对待。

例如，有的领导，无论是新闻还是公文，都喜欢这样写文章的开头：为了什么，为了什么，因此怎样。我写新闻和公文都不会这样开头，我喜欢开门见山，直接说事。这两者有大的区别吗？我认为没有。公文也不一定必须穿靴戴帽，政府也在提倡“短、精、实”的文风。我们有必要为了这个和领导争执吗？我认为也没有必要。领导想要加上“为了什么，为了什么，因此怎样”，就加上好了。不仅没有争论对错的必要，连往心里去的必要都没有。

遇到原则性的问题时，我们必须要有正确的处理态度。做具体工作的同事更清楚事情的来龙去脉，领导在修改文稿时提出了与事实不符或者错误的意见，相关同事一定要讲清楚，相信大多数领导还是有度量、有高度、有原则的。如果遇到不讲道理、不分对错的领导，怎么办？这还真是一个考验情商的难题。如果还有上一级领导审核，就按正确的程序来报送，直接把中间这层领导的意见忽略；如果领导就是最后一级审核把关人，别吭声，把正确的文稿发出去，“葫芦僧乱判葫芦案”。听不进意见的人也不会是负责任的人，他们在乎的往往是“把关”这件事所带来的权威和感觉，不会重视结果和质量。

## 年轻通讯员提出的问题都回到同一个原点

有一家单位要开展新闻宣传培训，为了使课程内容具有针对性，我请对方向通讯员征集想要学习的内容和在企业新闻宣传方面存在的问题。以下是比较集中的三类问题：

一、如何发现和抓好新闻点？

二、怎样提高写作水平？

三、怎样更好地写好消息、通讯等稿件？

这三个问题和我所在单位的通讯员经常提出的问题非常一致，综合起来，其实是同一点——基本功。

新闻写作的基本功主要有四类：写作基本功、采访基本功、读书基本功、观察理解能力基本功。

要想做一名出色的新闻宣传工作人员，这四项基本功缺一不可。

## 每日一概念，日久成行家

一位新加入新闻宣传队伍的年轻人问我：怎样才能尽快成为新闻宣传工作的行家里手？

冰冻三尺，非一日之寒；水滴石穿，非一日之功。任何事情都不可能一蹴而就，想成为任何一个专业的行家里手，都必须经过很长一段时间的学习和磨炼。企业新闻宣传工作也不例外。

只要勤奋学习、勤奋写作，想成为行家里手是非常有可能的，正所谓“每日一概念，日久成行家”。

新闻宣传工作所涉及的内容主要包括消息、通讯、评论、采访、策划等，以及物质文化、精神文化、制度文化等企业文化建设方面的概念。这些是新闻宣传工作者需要熟悉、了解的概念，在此基础上，新闻宣传工作还可以延伸到企业管理理论。

新闻宣传工作具有公开性，这使得新闻理论等学习资料触手可及，新闻佳作随手可取。如果你真的下定决心学习新闻写作，就先买几本新闻写作理论方面的书，也可以找几个专业网站，在网站上学习相关概念；然后制订一个学习计划，每天学习一个概念，对照文体研读几篇文章，思考写作要点，勤做学习笔记。过一段时间翻一翻，就是一个学习加复习的过程。

以特写为例。先学习特写的概念，然后研读几篇范文，这类材料网上和报纸上有很多，容易寻找。有了基本认识后，进一步研究特写和通讯的区别。特写、通讯和消息的区别，不是以字数多少为标准，而是以写作方法来区分。

有了一定的基础知识后，再进一步延伸。刚进入新闻这一行时，有一段时间，我为了配合编辑，每次外出采访，回来都写一篇消息、一篇通讯，如果事件适合，还会再加一篇特写。直到现在，从项目采访回来，我仍会在消息、通讯、特写、散文等不同文体中有选择性地写几篇文章。

学习的内容有很多，学习的方法也有很多。对于写作这项“理论必须和实践相结合”的“手工作业”来说，我认为边学习理论边坚持动手写是一条最近的路。

## 如果不喜欢新闻写作,最好不要做

在企业从事新闻宣传工作的员工中,新闻专业出身的属于少数。大部分是从企业其他岗位转岗来的。有的是因为文章写得不错,企业选拔来的;有的则是出于其他原因,来到这个“外人看着轻松,干起来累得不轻”的岗位工作。

企业内部有报纸、网站、微信公众号、微博、宣传栏等多种媒体,每一个媒体都需要不间断地更新内容。相应部门的人员不会太多,一般都满负荷地工作,所以新闻宣传工作是一个不养“懒人”的岗位,“混水”在这里摸不到鱼。

如果你不喜欢写作,只为了“有个工作谋生”而进入了这一行,最好早点儿转行,不要误了自己的发展,也误了这个专业。

要知道,即使是本来就喜欢写作且文章质量很高的人,因为年龄的增长和工作压力的加大,也有很多人没有坚持下来。不喜欢写作,或者对写作一窍不通的人,进入这一行,简直就是活受罪。

现在,社会选择空间很大,勇敢一点儿,去做自己喜欢的工作吧!

## 企业媒体员工随笔、散文质量漫谈

有一段时间,收稿邮箱总是收到几十个字的所谓诗和散文,基本可以说“诗不成行,文不成体”,真算不上文章,只是几句感慨或者牢骚而已。

得知稿子被“毙掉”之后,有的二级单位负责新闻宣传工作的同事会来询问原因。我不想实话实说,伤了同事们的热情,但是委婉地说又不能表达到位,解释起来相当费劲。

企业媒体副刊是为有才艺的员工提供的展示才华、交流思想的平台,应该是所有新闻宣传工作者展示作品的地方,不是发表个人感受的平台,更不是发泄个人情绪、诉说个人心事的地方。

杜甫老人家曾经教导我们:“文章千古事,得失寸心知。”即使做不到精益求精,达不到“板凳要坐十年冷,文章不写半句空”的程度,也要保证“主题、材料、结构、语言”等文章的基本要素齐全。

从企业文化建设的角度看,员工热心参与征文、摄影、书法绘画等活动,从侧面说明企业气氛和谐,员工思维活跃,企业凝聚力高。因此,不保证副刊作品质量,既是对企业内部媒体的不负责任,也是对作者的不负责任——让作者失去了精心创作的动力和空间。

如果你喜欢写作,就应该注重文章的质量,因为“文如其人”,文章的质量代表着我们自己。

如果你喜欢写作,又暂时写不好,那就勤加练习。现在网上有“每天500字”“每天1000字”“日更打卡”等各种各样的互助写作练习小组,这是一种非常好的形式。互相监督,互相学习,持之以恒地练习一段时间,一定会有明显的进步。

## 愿君莫任韶光逝,我以我手写我心

在一篇内容高大上的新闻稿中,作者纵论企业人才战略,其中写到了“能上能下”“机关总部人员流动管理”等目前看来在企业暂时还难以实现的举措。我问作者:“你相信这些举措能实施吗?”作者不好意思地笑了。

对于强调正面宣传的企业新闻来说,真实性仍然是新闻的第一生命。企业新闻是在人际关系紧密的企业中传播的,真实性和可信度仍然是所有新闻原则中最重要的原则。

写新闻不容易,我们要根据真实情况来描述事实,既要准确报道个别事实,又要从宏观上把握和反映事件或事物的全貌,既要真实又要生动。

“我手写我心,我手写我口”,写新闻要做到自己不相信的不要写,自己不懂不理解的不要写。先弄懂弄通报道对象再动笔,不就是一个学习、进步、提高的过程吗?这也是新闻宣传的乐趣所在。

# 每一天的语言都是新的
## （后记）

在国企做新闻宣传工作多年，最头疼的事情是通讯员来稿质量无法保证的问题。单位每年都组织集中培训，但是效果不大，主要原因是一线项目没有专职岗位，新闻宣传归属综合办公室管理，办公室主任感兴趣，稿件就多一些；办公室主任不感兴趣，稿件就少一些。当然，从年初到年尾写的稿件不超过两篇的基层单位每年都会出现。

我笑称企业新闻宣传是一项“激情工作”，靠那些有热情、有兴趣的新大学生来支撑。工作几年后，随着职位的提升和工作量的加大，大部分原本写作水平还算可以，经过培养、锻炼能写出好稿件的通讯员会悄无声息地离开通讯员队伍，然后补充进来新的“小白”。

岗位流动性太大，是这项工作质量难以提高的主要原因。

结果就是，十几年来，我始终和“新闻小白”打交道。与通讯员进行日常工作交流是必不可少的工作内容。“什么是消息，什么是通讯，怎样提炼标题”等基础问题，说讲过一千遍可能有点儿夸张，但是七八百遍肯定是有的。后来，为了避免反复讲同一个问题，我就把集中出现的问题整理出来，有时间就写出来，通过 QQ 和微信群发给通讯员，希望能提高通讯员对企业新闻宣传工作的理解能力和写作水平。

只要有时间，我就会从邮箱里随机选几篇一线项目的来稿进行修改，把修改意见群发给大家，供大家讨论，为大家营造讨论、学习的氛围。

我本人并非新闻专业出身，最初学的是一个大多数人不知道的专业——水工，全称是“水利水电工程施工”。每次向非工程人士介绍这个专业的时候，我至少要用三句话来解释这个专业是做什么的。后来，我总结出一个高大上的比喻：“知道三峡大坝吗？对，我学的专业就是修大坝的。”大家貌似立刻懂了，并给予表示敬佩的赞叹。

水工专业非常伟大，我却在施工企业做了边缘化工作——新闻宣传。"功不唐捐，玉汝于成"，在施工企业做新闻宣传，我的水工专业背景和工作经验成为强大的助力，使我更加熟悉施工现场，更好地理解管理重点，更加深入地与一线技术人员交流。我终于知道他们内心那种严谨细致的敬业精神和谦虚低调的工作态度源自哪里。

我走上企业新闻宣传之路，开始是因为爱写东西。同事们信任我，找我写先进事迹材料。后来，我从技术人员改行，进入新闻宣传岗位是为了生存。我行走在工地间，采访写作多年。慢慢地，写作变成了一种喜好，我发自内心地热爱写作。

稻盛和夫认为，自己内心不渴望的东西，不可能靠近自己。而我能够实现的，只是我内心渴望的东西。成功的基础是奋斗。我虽然算不上成功，但是我内心对做好企业新闻宣传工作有着强烈的渴望，所以我自学了新闻学本科，我愿意不厌其烦地与通讯员交流写作经验。

我不相信网上所说的"一小时学会写作""教你快速成为写作达人"。如果写作这么简单，岂不是人人都可以成为作家，成为大师？

立志宜思真品格，读书须尽苦功夫，写作是同样的道理。在这个碎片化学习的时代，如果把零碎时间利用好，每天坚持写几百字、几千字，一定可以练出写作真功夫。

每一天的语言都是新的，每一天的感受都不同于昨日。这些类似牢骚的浅显易懂的方法只是作者本人的工作感受和总结，希望能对初入企业新闻宣传行业的新手有所裨益。